Das humanitäre Abenteuer

musée + C genève
www.redcrossmuseum.ch

Auf dem Weg zu einem Museum der Hoffnung

Vor 25 Jahren hatte der ehemalige IKRK-Delegierte Laurent Marti die glänzende Idee, das Internationale Rotkreuz- und Rothalbmond- museum ins Leben zu rufen. Es gelang ihm, Frau Reagan und Frau Gorbatschowa auf seine Seite zu bringen, um die Unterstützung ihres jeweiligen Landes zu erhalten und lokale und internationale Gesellschaften und Persönlichkeiten sowie verschiedene multinationale Unternehmen, die ein breites Spektrum aller menschlichen Tätigkeiten vertreten, für das Projekt zu gewinnen.

Das alte Museum hatte eine starke Ausstrahlung. Niemand ging nach Hause, ohne vom Gesehenen erschüttert und bewegt zu sein.

Heute ist ein neues Projekt zu sehen, das von Roger Mayou und seinem Team konzipiert und dank der Grosszügigkeit unserer Partner und Geldgeber umgesetzt werden konnte. Drei international renommierte Architekten aus unterschiedlichen Kulturen stellten ihr Talent in den Dienst einer Ausstellung, die rund um drei Themen angelegt ist. Wir möchten uns an dieser Stelle bei allen Beteiligten ganz herzlich bedanken.

Ohne die dramatische und grausame Seite des menschlichen Handelns oder der Auswirkungen von Naturkatastrophen in irgend- einer Weise herabzumindern, richtet diese neue Ausstellung ihren Blick auch in die Zukunft: Sie zeigt auf, welche Fortschritte in der Bewahrung der Würde von Männern, Frauen und Kindern in unseren nur allzu oft zerrissenen Gesellschaften erzielt worden sind. Sie zeigt, dass Waisenkinder und im Chaos von Kriegen oder Naturkatastrophen verlorene Menschen wiedergefunden, gepflegt, zusammengebracht und getröstet werden und dass sie dadurch ihr Leben mit neuer Kraft in Angriff nehmen können. Sie erwähnt die auseinander gerissenen, teilweise dezimierten und später wieder zusammengeführten Familien, die Angehörigen, die endlich über das Schicksal eines Vermissten informiert werden, damit sie ihre Trauerarbeit leisten können, und die Erinnerung an einen Vater oder einen Sohn, der im Blutbad der Kämpfe erdrückt wurde. Sie erzählt von der Chance auf ein zweites Leben, die den Überlebenden der Konzentrationslager oder schrecklicher Gefängnisse gewährt wurde.

Wir wollen zeigen, dass auf Leiden, Verschwinden, auf Verletzungen und Verstümmelungen eine Zeit der Heilung, der Rehabilitierung, der Wiedervereinigung folgen konnte und die Chance geschaffen wurde, ein neues Glück zu erfahren, das erleben zu dürfen man nicht mehr erwartet hatte. Selbstverständlich hat das Geschehene immer Folgen, die tief in der menschlichen Seele verankert bleiben. Doch die Hoffnung auf eine Besserung und eine wieder-gefundene Normalität muss die endgültige Botschaft beim Besuch unseres Museums sein. Aus diesem Grund haben wir den Ausdruck «Auf dem Weg zu einem Museum der Hoffnung» gewählt und einem pädagogischen Bereich viel Raum gewidmet. Nach Ihrem Besuch wünschen wir uns, dass Sie mit Hoffnung und mit einem Gefühl der Dankbarkeit gegenüber allen Akteuren der Rotkreuz- und Rothalbmondbewegung nach Hause gehen. Ohne Anmassung würden wir uns auch freuen, wenn es uns gelänge, einige Berufungen zu wecken.

Wir heissen Sie ganz herzlich willkommen und hoffen, dass auf Ihren ersten Besuch viele weitere folgen werden.

Luc Hafner
Präsident des Stiftungsrates

Das humanitäre Abenteuer

Die Menschenwürde verteidigen, *Familienbande wiederherstellen*, *Risiken von Naturgefahren begrenzen*: Die Dauerausstellung *Das humanitäre Abenteuer* stellt drei zeitgenössische Problematiken vor, die über die bewegten Zeiten in der Geschichte und die gegenwärtigen Konfliktregionen hinausgehen und jede und jeden von uns, heute und in unserer gemeinsamen Zukunft der nächsten Jahrzehnte betreffen.

Die Achtung der Menschenwürde ist in einer langen geschichtlichen Entwicklung entstanden. Sie wurde durch zahlreiche Texte aus den unterschiedlichsten Epochen und Kulturen begleitet. Über die Jahrhunderte hinweg war diese Entwicklung geprägt von ausserordentlichen Fortschritten und furchtbaren Rückschlägen – der Beweis, dass nichts, was einmal erreicht wurde, ewig währt. Deshalb ist auch heute noch eine ständige Achtsamkeit erforderlich, um angesichts der immer neuen Herausforderungen Ungerechtigkeit und Diskriminierung zu bekämpfen. Verletzliche Menschen müssen beschützt und die Täter grausamer Handlungen verurteilt werden. Eines dürfen wir dabei nicht vergessen: Wer die Würde bedrohter Menschen verteidigt, verteidigt die Würde aller Menschen.

Der Mensch ist ein soziales Wesen, Bindungen zu seinen Mitmenschen sind für ihn überlebenswichtig. Die Familie stellt von Natur aus die erste dieser Bindungen dar. Wenn ein Mensch dieser Bande beraubt wird, wird sein innerstes Gleichgewicht gestört. Ist eine erneute Zusammenkunft nicht mehr möglich, so ist die Gewissheit des Todes eines Angehörigen immer noch besser als gar keine Neuigkeiten, denn zumindest können die Überlebenden so ihre Trauerarbeit in Angriff nehmen und ihr Leben weiterführen. Aus diesem Grund zählt die Wiederherstellung der Familienbande zu den Prioritäten humanitärer Hilfsprogramme. Die Millionen Karteikarten, die von der Internationalen Zentralstelle für Kriegsgefangene sorgfältig gesammelt wurden, sind ein beeindruckendes Zeugnis dieser Arbeit.

In einer Zeit, in der sich immer häufiger und immer schlimmere Naturkatastrophen ereignen, drängt sich die Begrenzung der Risiken und Schäden solcher Katastrophen als eine der wichtigsten Herausforderungen des 21. Jahrhunderts auf. Diese Sorge erwähnte ich bereits in unserem letzten Ausstellungskatalog – im letzten Jahrhundert! –, doch leider sehe ich mich gezwungen, sie zu wiederholen. Und doch reichen oft einige einfache Schritte aus, um unzählige Leben zu retten. Sich zu weigern, eine Katastrophe als unabwendbar zu betrachten, und vorbeugend zu handeln, sind Teil einer verantwortungsbewussten Einstellung, deren langfristiger Erfolg die aktive Mitwirkung der Bevölkerung voraussetzt.

Ein Museum der Geschichte und der Gesellschaft ist ein Ort des Wissens und des Nachdenkens, der zu einem besseren Verständnis unserer Welt beiträgt. Wodurch kann sich ein solches Museum in der Zeit des Internets und der augenblicklichen Informationsbeschaffung hervortun? Eine Ausstellung bietet das einzigartige Privileg, sämtliche Wissensdisziplinen gleichzeitig zu bemühen und parallel dazu auf sämtliche Medien für die Vermittlung zurückgreifen zu können. Sie wäre jedoch langweilig ohne ihre Erweiterung um eine zusätzliche Dimension, die uns ein grosses Anliegen war: Emotionen. Jede thematische Ausstellungseinheit lädt den Besucher deshalb zunächst zu einer bewusstseinsfördernden Erfahrung ein. Sie hinterlässt in seiner Erinnerung einen emotionalen Abdruck, noch bevor er den informativen Inhalt des Präsentierten aufnimmt.

Zwölf Begegnungen mit Zeugen unserer Zeit zeichnen den roten Faden *des humanitären Abenteuers* nach. Sie empfangen die Besucher und begleiten sie während ihres Rundgangs. Sie erinnern uns daran, dass die menschlichen Beziehungen im Mittelpunkt der humanitären Arbeit stehen – eine Offenkundigkeit, die wir vor lauter technologischer oder technokratischer Anforderungen manchmal fast vergessen. Durch ihren persönlichen Einsatz, ihre gemeinsame Widerstandsfähigkeit, durch die Wirkungskraft ihres kollektiven Handelns inspirieren diese Begegnungen dazu, uns nach dem Vorbild von Henry Dunant und den Akteuren der Internationalen Rotkreuz- und Rothalbmondbewegung für eine gerechtere Welt einzusetzen. Weil wir das Inakzeptable nicht einfach hinnehmen wollen.

Roger Mayou
Museumsdirektor

Zur Würde des Menschen
gehört die Achtung seines
Lebens und die Wahrung
der Integrität seiner Person.
Seit jeher verteidigen
Texte aus allen Kulturen
die Menschenwürde.
Ihre Wahrung erfordert eine
unablässige Achtsamkeit,
denn immer wieder tauchen
neue Herausforderungen auf.

Die Menschenwürde verteidigen

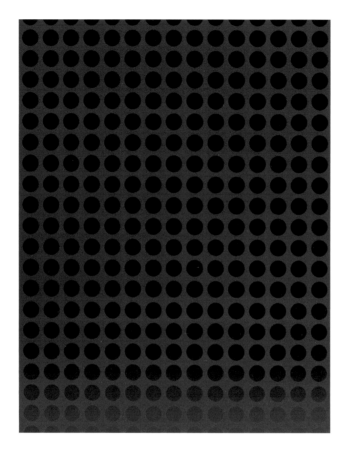

Architekt:
Gringo Cardia, Brasilien

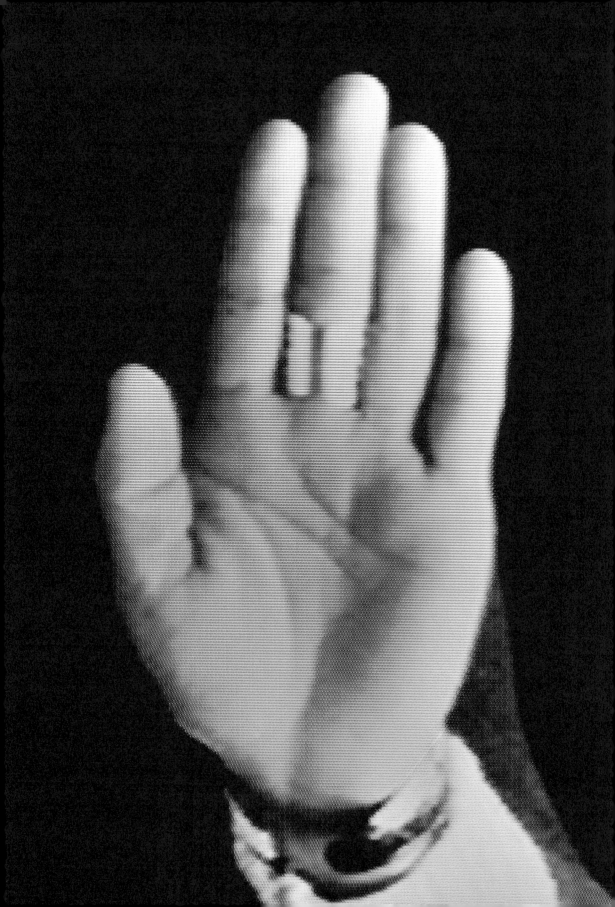

Der Raum
der Begegnungen

Emmanuel Jal, Carla Del Ponte,
Najmuddin Helal, Adriana Valencia

«Ich wurde 1980 geboren. In jenen Jahren herrschte Krieg. Er wirkte sich stark auf meine Familie aus. Wir mussten von einem Ort zum anderen fliehen.»

«Ich wollte mich für meine Familie rächen und so viele wie möglich umbringen.»

«Als in Äthiopien die Unruhen begannen, kehrten wir in den Sudan zurück und ich kam nach Juba. Während dieser Zeit war ich Kindersoldat.»

«Wir planten eine Flucht. Wir kamen an einen Ort, nach Waat. Dort lernte ich eine Frau kennen, die für ein Hilfswerk arbeitete. Sie schickte mich in die Schule.»

«Ich begann zu rappen. Ich nahm das Singen sehr ernst. So schaffte ich es, den Himmel zu sehen und wieder ein Kind zu werden.»

Carla Del Ponte Chefanklägerin des Internationalen Schweiz
Strafgerichtshofes für das ehemalige
Jugoslawien von 1999 bis 2007

«Die Völkergemeinschaft hat eine internationale Justiz, die gegen die Straffreiheit
der Machthaber kämpft.»

«Tausende von Opfern sehnen sich
nach Gerechtigkeit.»

«Die internationale Gemeinschaft muss
in der Lage sein, auf die entsprechenden
Staaten Druck auszuüben, damit deren
Zusammenarbeit umfassend erfolgt und
damit nicht politische Gründe verhindern,
dass den Opfern Gerechtigkeit widerfährt.»

«Wir wollen, dass Recht gesprochen
wird, und dass die Opfer ihre Würde
wiedererlangen.»

«*Bei der Explosion einer Landmine verlor ich beide Beine.*»

«*Fünf Jahre lang blieb ich zu Hause. Ich sass vor unserem Haus, in einem Sessel, den mein Vater mir gekauft hatte. Mein Leben schien vollständig von den anderen abgeschnitten.*»

«*Ich erhielt eine Prothese. Das war zugleich der Anfang meiner körperlichen Genesung. Es war ein langwieriger Prozess, doch es hat sich gelohnt.*»

«*Heute kann ich die Würde, die ich selbst wiedererlangt habe, anderen Menschen weitergeben. Ich versuche, Personen zu helfen, die Körperteile verloren haben. Und auch sie können Fortschritte erzielen.*»

«*Wenn ich versuche, anderen Menschen zu helfen, kann ich ihnen deshalb Hoffnung geben.*»

«Es war für mich unvorstellbar, meine Kinder allein zu lassen, sie waren noch so klein. Aber ich dachte auch an ihre Zukunft. Es war eine schmerzvolle Reise, mit viel Traurigkeit und Emotionen.»

«Bei der Ankunft war ich mit sehr schwierigen Situationen konfrontiert: Ich musste die Wohnung mit sechs unbekannten Personen teilen. Am allermeisten litt ich unter dem Gefühl, verlassen und allein zu sein.»

«Nach einer Weile fand ich eine Arbeit und konnte elf Personen meiner Familie mit Nahrungsmitteln, Ausbildung, Gesundheit etc. unterstützen.»

«Eines Tages hatte ich mein Zuhause mit einem Koffer voller Träume verlassen – viele davon sind Wirklichkeit geworden.»

Solferino

1859 reist Henry Dunant geschäftlich nach Norditalien. Er befindet sich in der Nähe des Schlachtfeldes von Solferino unmittelbar nach dem Ende der Kämpfe. Beim Anblick der Tausenden von Verwundeten, die einfach so ihrem Schicksal überlassen werden, ist er tief erschüttert und organisiert mit der Unterstützung der örtlichen Bevölkerung eine Hilfsaktion.

Zurück in Genf schreibt Henry Dunant das Buch *Eine Erinnerung an Solferino*. Es wird 1862 veröffentlicht und erfreut sich sofort grosser Beliebtheit. In diesem Buch formuliert Henry Dunant zwei Vorschläge: die Bildung von Hilfsgesellschaften zur Pflege der verwundeten Soldaten und die Schaffung eines internationalen Abkommens, um ihren Schutz zu gewährleisten. Dieses Projekt führt im darauffolgenden Jahr zur Gründung des Roten Kreuzes und zehn Monate später zum Genfer Abkommen.

La Bonata, ein nach der Schlacht von Solferino teilweise zerstörter Bauernhof, 1859, San Martino, Italien

Solferino und die Einigung Italiens

Die Schlacht von Solferino ist ein wichtiger Meilenstein der italienischen Unabhängigkeitskriege. Viktor Emanuel II. von Savoyen, König von Piemont, bemüht sich mit der Unterstützung Frankreichs unter Napoleon III., die verschiedenen italienischen Staaten zu vereinigen. Im Frühling 1859 treffen seine Truppen auf das Kaisertum Österreich, das die Lombardei und Venetien kontrolliert.

Am 24. Juni besiegen die französische und piemontesische Armee die Österreicher in Solferino in einer Schlacht, bei der mehr als 40 000 Menschen getötet oder verwundet werden. Infolge dieser Niederlage muss das Kaisertum Österreich die Lombardei abgeben. Frankreich erhält Nizza und Savoyen.

In den Monaten danach gewinnt Viktor Emanuel II. die Unterstützung mehrerer kleiner italienischer Staaten. 1860 dehnt er seine Herrschaft auf den Süden des Landes aus und wird am 17. März 1861 zum König von Italien gekrönt.

Die Einigung Italiens schreitet voran: 1866 stösst Venetien hinzu und 1870 wird Rom angeschlossen.

Eine Erinnerung an Solferino

Henry Dunant

Henry Dunant wird am 8. Mai 1828 in Genf geboren.
Nachdem er zunächst als Geschäftsmann in Algerien weilte, sieht er sich im Alter von 31 Jahren mit den Schrecken des Krieges in Italien konfrontiert.
Von 1863 bis 1867 ist er Gründungsmitglied und Schriftführer des Internationalen Komitees der Hilfsgesellschaften für die Verwundetenpflege, dem zukünftigen IKRK. Er wird jedoch des Konkurses des Crédit Genevois, wo er Verwaltungsratsmitglied ist, beschuldigt und muss 1867 von Genf nach Paris ausreisen. Gleichzeitig wird er aus dem Komitee ausgeschlossen.

Während des Deutsch-Französischen Krieges und der Paris Kommune (1870-1871) führt er seine humanitäre Tätigkeit fort.
1892 zieht er sich in ein bescheidenes Bezirkskrankenhaus in Heiden (Appenzell, Schweiz) zurück und setzt sich von dort aus aktiv für die vom Fortschritt Ausgegrenzten, gegen die Aufrüstung und gegen jede Form gewaltsamer Eroberung ein.
In seinem einsamen Dasein erhält er Besuch von einem Journalisten.
1901 wird er gemeinsam mit Frédéric Passy mit dem Friedensnobelpreis ausgezeichnet.
Henry Dunant stirbt am 30. Oktober 1910 in Heiden.

Henry Dunant, 1863

Gustave Moynier

Gustave Moynier wird am 21. September 1826 in Genf geboren.
Mit 29 Jahren wird er Mitglied der Genfer Gemeinnützigen Gesellschaft, wo er bald zum Präsidenten aufsteigt.
Er beschliesst, sich in erster Linie der Philanthropie zu widmen.
1863 reagiert er auf den Aufruf von Dunant und überzeugt die Genfer Gemeinnützige Gesellschaft, die Möglichkeit zu studieren, freiwillige Krankenpflegerkorps zur Pflege der Verwundeten zu schaffen.
Eine Ad-hoc-Kommission wird gebildet. Es ist die Geburtsstunde des Internationalen Komitees der Hilfsgesellschaften für die Verwundetenpflege, dem zukünftigen IKRK.

Am 13. März 1864 wird Moynier zum Präsidenten des IKRK gewählt.
Er fördert und verteidigt das humanitäre Völkerrecht und macht aus dem IKRK eine weltweit anerkannte Autorität.
1873 gründet er das Institut für Internationales Recht, 1892 wird er dessen Präsident.
Er tritt unermüdlich als glühender Verteidiger der internationalen Schiedsgerichtsbarkeit bei Streitigkeiten unter den Nationen auf und kämpft vergeblich für die Schaffung eines internationalen Strafgerichtshofes.
Gustave Moynier stirbt am 21. August 1910 in Genf.

Gustave Moynier, 1863

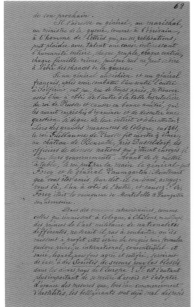

Henry Dunant, *Eine Erinnerung an Solferino*, Manuskript, 1861-1862

«An jenem denkwürdigen 24. Juni [1859] standen sich mehr
als dreihunderttausend Menschen gegenüber ...»

«Es wurde fünfzehn Stunden lang gekämpft ...»

«Es ist ein allgemeines Schlachten, ein Kampf wilder, wütender,
blutdürstiger Tiere ...»

«Die unglücklichen Verwundeten, die man tagsüber aufsammelt,
sind bleich, fahl und verstört. Einige, und insbesondere
diejenigen, die stark verstümmelt sind, blicken ihre Retter
mit leeren Augen an ...»

«Wie viele Unglückliche aber blieben auf der Erde liegen,
die von ihrem Blut getränkt war!»

«Auf den steinernen Fliesen der Spitäler und Kirchen
von Castiglione liegen Seite an Seite Kranke aller Nationen ...»

«Immer fühlbarer wird der Mangel an Hilfskräften, an Kranken-
wärtern und Dienstpersonal ...»

«Ich versuche, so gut wie möglich, die Hilfeleistungen
zu organisieren ...»

«Die Frauen von Castiglione erkennen bald, das es für mich
keinen Unterschied der Nationalität gibt, und so folgen
sie meinem Beispiel ... ‹Tutti fratelli›, wiederholen sie gerührt
immer wieder.»

«Aber wozu so viele Szenen des Schmerzes und der Verzweiflung
schildern und dadurch vielleicht peinliche Gefühle erregen?»

«Ist es nicht dringend nötig, dass man im Sinne wahrer
Menschlichkeit und Zivilisation einen Weg sucht, um wenigstens
seine Schrecken etwas zu mildern?»

«Gibt es während einer Zeit der Ruhe und des Friedens kein Mittel,
um Hilfsorganisationen zu gründen, deren Ziel es sein müsste,
die Verwundeten in Kriegszeiten pflegen zu lassen? ...»

«Gesellschaften solcher Art würden, sobald sie einmal
für die Dauer errichtet sind [...] in ständiger Bereitschaft sein
für den Fall eines Krieges ...»

«Wäre es nicht wünschenswert [...] irgendeine internationale,
rechtsverbindliche und allgemein hochgehaltene Übereinkunft
zu treffen, die als Grundlage dienen könnte zur Gründung
von Hilfsgesellschaften für Verwundete? ...»

Auszüge aus *Eine Erinnerung an Solferino*

FÜR
SELBSTLOSIGKEIT

CHINA
-480
1.CHR.

Ein säkulares Ideal

Die Verteidigung der Menschenwürde war
in der Geschichte der Menschheit schon immer
ein Anliegen. Vom Codex Hammurabi bis zur
Allgemeinen Erklärung der Menschenrechte,
Texte aus allen Epochen und Kulturen
zeugen davon.

Oft wurden diese Texte als Reaktion auf
Ereignisse verfasst, in denen die Menschenwürde mit Füssen getreten worden war.
Dies gilt auch für das erste Genfer Abkommen,
das aufgrund des Desasters von Solferino
entstand. Es wurde 1864 verabschiedet und
gilt als Gründungstext des humanitären
Völkerrechts.

Die Würde wird mit Füssen getreten

A

B

C

D

A   Sklaverei
B   Chemische Waffen
C   Bombardierungen der Zivilbevölkerung
D   Konzentrationslager
E   Atombomben
F   Sexuelle Übergriffe
G   Minen
H   Kindersoldaten
I   Gefangene ohne rechtmässigen Status

E

F

G

H

I

Die Entstehung eines Ideals

A Stele mit den Rechtssprüchen des Codex Hammurabi
B Entwürfe für die Allgemeine Erklärung der Menschenrechte, René Cassin, 16. Juni 1947

A   B

Gegen Unterdrückung Mesopotamien ~ 1750 v. Chr.	Der König von Babylonien verkündet, der Starke solle den Schwachen nicht unterdrücken. <u>Codex Hammurabi</u>	Der Codex Hammurabi ist ein erster Versuch, festzuschreiben, wie man sich im Krieg zu verhalten hat. Vor allem das Ideal der Gerechtigkeit findet darin Erwähnung. Dieser Codex stellt eine Erneuerung der Geschichte des Rechts dar.
Für Frieden Ägypten ~ 1279 v. Chr.	Ramses II. und Hattusili III. schliessen den ersten schriftlichen Freundschaftsvertrag. <u>Vertrag von Kadesch</u>	Der Friedensvertrag von Kadesch ist der älteste bekannte Friedensvertrag und der erste schriftliche internationale Vertrag.
Gegen Intoleranz Persien 539 v. Chr.	Kyros verkündigt die freie Religionsausübung im ganzen persischen Reich. <u>Kyros-Zylinder</u>	Nach der Einnahme von Babylon verkündete Kyros der Grosse auf einem Tonzylinder die Abschaffung der Sklaverei und die Religionsfreiheit.
Für Selbstlosigkeit China ~ 480 v. Chr.	Konfuzius lehrt: *«Was du nicht willst, dass man dir tut, das füg auch keinem andern zu.»* <u>Die Analekten</u>	*Die Analekten* sind eine Sammlung von Reden und Gesprächen des chinesischen Weisen Konfuzius mit seinen Schülern. Sie unterstützen in erster Linie die Harmonie in den menschlichen Beziehungen.

Gegen Gewalt Indien ~ 260 v. Chr.	König Ashoka bekennt sich zur Gewaltfreiheit und tritt ein für die Schonung des Schwächeren. Edikte des Ashoka	Die Edikte des Ashoka befassen sich mit den buddhistischen Grundsätzen der Toleranz, der Gewaltlosigkeit und der Gerechtigkeit.
Gegen Willkür England 1215	Johann Ohneland stimmt dem Verbot der willkürlichen Verhaftung zu. Die Magna Carta	Die Magna Charta ist das erste Dokument, das die Rechte des Einzelnen gegenüber den Regierenden bekräftigt, insbesondere durch die Festlegung von Bedingungen für Verhaftungen.
Gegen Sklaverei Mali 1222	Die Bruderschaft der Jäger von Manden ächtet die Sklaverei. Charta von Manden	Die mündlich überlieferte Charta von Kurukan Fuga erwähnt den Respekt des menschlichen Lebens, die individuelle Freiheit, die Gerechtigkeit und die Gleichheit.
Gegen Unmenschlichkeit Muslimisches Spanien ~ 1280	Der Kriegercodex verbietet die Tötung von Frauen, Kindern und Geisteskranken. Die Viqâyet	Die in der Blütezeit des Maurenreichs in Spanien verfasste Viqâyet kodifiziert die Gesetze des Krieges und schützt die Zivilbevölkerung und die Besiegten.
Für Freiheit und Gleichheit Frankreich 1789	In der französischen Revolution werden die unveräusserlichen Menschenrechte definiert. Erklärung der Menschen- und Bürgerrechte	Der Mensch verfügt über «natürliche» und «unverjährbare» Rechte, die in vier Begriffen zusammengefasst werden können: Freiheit, Gleichheit, Gesetz und politische Vereinigung.
Für Menschlichkeit auf dem Schlachtfeld 16 Staaten 1864	16 Staaten einigen sich auf den Schutz von verwundeten Soldaten jeglicher Staatsangehörigkeit. Genfer Abkommen	In Form eines multilateralen und dauerhaft gültigen Vertrags schützt das Abkommen von 1864 die Verwundeten und das Sanitätspersonal und schafft das Schutzzeichen des Roten Kreuzes
Für Menschenwürde 58 Staaten 1948	Die UNO erklärt, dass alle Menschen frei und gleich an Würde und Rechten geboren sind. Allgemeine Erklärung der Menschenrechte	Die Erklärung stellt die weltweit erste Bekräftigung der allen Menschen innewohnenden Würde und Gleichheit dar.

Die Genfer Abkommen

Der Originaltitel des ersten Genfer Abkommens lautet:
*Abkommen betreffend die Linderung des Loses
der im Felddienste verwundeten Militärpersonen*.
Dieses Abkommen umfasst nur zehn Artikel und verfolgt
ein einziges Ziel: das Leiden des Krieges zu begrenzen.
In Artikel 7 wird das Schutzzeichen des roten Kreuzes
eingeführt.

Dieses entscheidende Dokument legt den Grundstein
für das humanitäre Völkerrecht (HVR)[1].

Das Abkommen wurde am 22. August 1864 von zwölf Staaten[2]
unter der Federführung der Schweiz und des Komitees
vom Roten Kreuz in Genf unterzeichnet. Es wurde zweimal
überarbeitet und ergänzt, bis 1949 die vier heute rechts-
gültigen Genfer Abkommen verabschiedet wurden.
1977 und 2005 kamen Zusatzprotokolle zu diesen hinzu.
Die Schweiz ist Depositarstaat dieser Abkommen.

2013 sind 194 Staaten[3] Vertragsparteien des Genfer
Abkommens vom 12. August 1949.

1 Das HVR ist eine Gesamtheit von Übereinkommen und
Gewohnheiten, die zum Ziel haben, für einen schützenden
Rahmen für die humanitäre Tätigkeit in Zeiten internationaler oder nicht internationaler bewaffneter Konflikte
zu sorgen. Ausserdem schafft es die Möglichkeit, die
von den Kombattanten eingesetzten Mittel zur Kriegs-
führung rechtlich einzuschränken.
Zu den wichtigsten Texten des HVR gehören: das *Protokoll
über das Verbot der Verwendung von erstickenden,
giftigen oder ähnlichen Gasen sowie von bakteriologischen
Mitteln im Kriege* (1925), das *Übereinkommen über die
Verhütung und Bestrafung des Völkermordes* (1948)
und das *Übereinkommen über das Verbot des Einsatzes,
der Lagerung, der Herstellung und der Weitergabe
von Anti-Personenminen und über deren Vernichtung*,
auch Ottawa-Konvention genannt (1997).
2 Baden, Belgien, Dänemark, Spanien, Frankreich,
Hessen, Italien, Niederlande, Portugal, Preussen,
Schweiz, Württemberg
3 Die Länderliste ist auf *www.icrc.org* einsehbar.

Das Genfer Abkommen von 1864

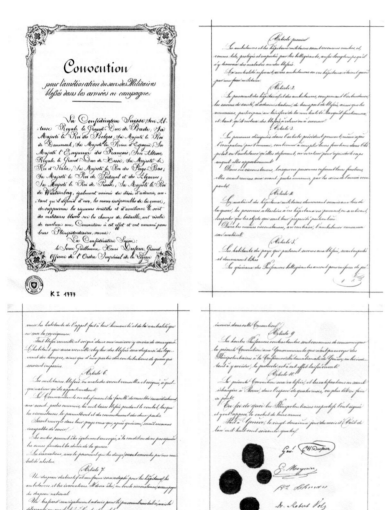

«Die leichten und die Hauptfeld-
lazarette sollen als neutral
anerkannt und demgemäß von den
Kriegführenden geschützt und
geachtet werden, solange sich
Kranke oder Verwundete darin
befinden.»
Artikel 1

«Die Landesbewohner, welche den
Verwundeten zu Hilfe kommen,
sollen geschont werden und frei
bleiben.»
Artikel 5

«Die verwundeten oder erkrankten
Militärs sollen ohne Unterschied
der Nationalität aufgenommen und
verpflegt werden.»
Artikel 6

«Eine deutlich erkennbare und über-
einstimmende Fahne soll bei den
Feldlazaretten, den Verbandplätzen
und Depots aufgesteckt werden. [...]
Die Fahne und die Armbinde
sollen ein rotes Kreuz auf weißem
Grunde tragen.»
Artikel 7

*Abkommen betreffend die Linderung des Loses der im Felddienste
verwundeten Militärpersonen, Genf, 1864*

Geschichtlicher Überblick: die Genfer Abkommen

24. Juni 1859   Schlacht von Solferino

November   Veröffentlichung des Buches *Eine Erinnerung*
1862   *an Solferino* von Henry Dunant

9. Februar   Die Ideen von Henry Dunant werden von
1863   Gustave Moynier der Genfer Gemeinnützigen
Gesellschaft vorgestellt.

17. Februar   Henry Dunant, Gustave Moynier und die Ärzte
1863   Louis Appia und Théodore Maunoir gründen
unter dem Vorsitz von General Guillaume-
Henri Dufour das Komitee der Fünf.

26.-29.   In Genf berät eine internationale Konferenz
Oktober   über Mittel, um der unzureichenden Sanitäts-
1863   versorgung der Armeen im Felde abzuhelfen.
Das Komitee der Fünf ändert seinen Namen in
Internationales Komitee der Hilfsgesellschaften
für die Verwundetenpflege. 1876 wird dieses
zum Internationalen Komitee vom Roten Kreuz
(IKRK).

22. August   Unterzeichnung des *Abkommens betreffend*
1864   *die Linderung des Loses der im Felddienste*
verwundeten Militärpersonen, auch bekannt
als erstes Genfer Abkommen.

6. Juli 1906   Überarbeitung des erstes Genfer Abkommens;
die Grundsätze von 1864 werden anpasst
und ergänzt.

5. Mai 1919   Gründung der Liga der Rotkreuz-Gesellschaften,
seit 1991 die Internationale Föderation der
Rotkreuz- und Rothalbmond-Gesellschaften.
Die einzelnen Gesellschaften vereinen von
nun an ihre Kapazitäten und Ressourcen, um
in Friedenszeiten humanitäre Hilfeleistungen
anzubieten.

27. Juli 1929   Verabschiedung des *Abkommens über die*
Behandlung der Kriegsgefangenen. Offizielle
Anerkennung des roten Halbmonds sowie des
roten Löwen mit roter Sonne als Schutzzeichen
in einer Neufassung des Abkommens von 1906.

12. August 1949   Annahme der vier Genfer Abkommen. Nach
den im Zweiten Weltkrieg begangenen
Gräueltaten widmet sich ein viertes Abkommen
dem Schütz von Zivilpersonen in Kriegszeiten.

8. Juni 1977   Verabschiedung der Zusatzprotokolle zu den
Genfer Abkommen von 1949, die den Schutz
der Opfer von internationalen und erstmals
auch nicht internationalen bewaffneten
Konflikten verstärken. Sie führen unter anderem
die Unterscheidung zwischen Kombattanten
und der Zivilbevölkerung ein.

8. Dezember   Annahme des dritten Zusatzprotokolls zu
2005   den Genfer Abkommen von 1949, das
die Anerkennung eines zusätzlichen Schutz-
zeichens, des roten Kristalls, umfasst.

CONFÉRENCE INTERNATIONALE DE GENÈVE
AOUT 1864

Internationale Konferenz in Genf, August 1864,
Verlag P. Gaussen et Cie.

Schutz

Um die Opfer von Konflikten zu schützen,
verfügt das Internationale Komitee
vom Roten Kreuz (IKRK) über verschiedene
Instrumente, die im humanitären Völkerrecht festgelegt werden.

Die Schutzzeichen

Das erste Genfer Abkommen von 1864 schuf ein für alle erkennbares Schutzzeichen: das rote Kreuz auf weissem Grund. Dieses Schutzzeichen sollte die Sanitäter, aber auch die verwundeten Soldaten schützen. Die älteste erhaltene Rotkreuz-Fahne stammt aus dem Deutsch-Französischen Krieg von 1870/71.

1876 bat das Osmanische Reich darum, ein anderes Zeichen als das Kreuz verwenden zu dürfen, da dieses den Behörden zufolge *«das Empfinden der muslimischen Soldaten verletze»*. Seither wird neben dem roten Kreuz auch der rote Halbmond als Zeichen benutzt. Er wird im dritten Genfer Abkommen von 1929 offiziell anerkannt, zusammen mit dem roten Löwen mit roter Sonne, der bis 1980 im Iran verwendet wurde.

Der rote Kristall als weiteres Schutzzeichen wurde im Jahr 2005 eingeführt. Er wird insbesondere von denjenigen Hilfsgesellschaften verwendet, die sich weder im Kreuz noch im Halbmond wiedererkennen, zum Beispiel Magen David Adom in Israel.

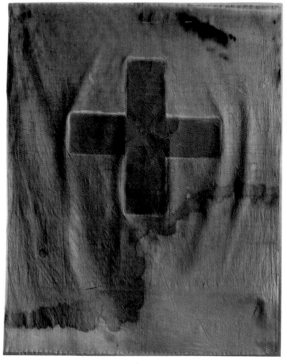

A

B

C

D

A Fahne eines Krankenwagens des Roten Kreuzes, Frankreich, 1870-187?
B Weste des Afghanischen Roten Halbmonds, 2008
C Briefmarken mit dem Symbol des roten Löwen mit roter Sonne, Iran, 18. 04. 1966
D Fahne mit dem roten Kristall, angefertigt anlässlich der diplomatischen Konferenz in Genf 2005

Schützen

Die Genfer Abkommen zielen darauf ab, die Schäden von Kriegen zu begrenzen. Sie legen klare Kategorien von Personen und Gütern fest, deren Schutz Priorität zukommt. Dazu gehören:

A verwundete Kombattanten oder Gefangene
B die Zivilbevölkerung
C das Personal der Rotkreuz- und Rothalbmondgesellschaften
D Krankenhäuser und Sanitätseinrichtungen
E Kulturgut und religiöse Güter
F Bauten, deren Beschädigung die Bevölkerung schwer oder nachhaltig treffen könnte
G natürliche Ressourcen, deren Verschmutzung oder Zerstörung die Erfüllung lebensnotwendiger Bedürfnisse bedrohen

A *«Die am Konflikt beteiligten Parteien haben jederzeit [...] unverzüglich alle zu Gebote stehenden Massnahmen zu treffen, um die Verwundeten und Kranken aufzusuchen und zu bergen...»* Abkommen (I), 1949, Artikel 15

B *«Weder die Zivilbevölkerung als solche noch einzelne Zivilpersonen dürfen das Ziel von Angriffen sein.»* Protokoll (I), 1977, Artikel 51

C *«Die am Konflikt beteiligten Parteien sollen sich bemühen, örtliche Abmachungen für [...] den Durchzug [...] des Sanitätspersonals und -materials zu treffen...»* Abkommen (IV), 1949, Artikel 17

D *«Zivilspitäler [...] dürfen unter keinen Umständen das Ziel von Angriffen bilden...»* Abkommen (IV), 1949, Artikel 18

E *«[...] es ist verboten, feindselige Handlungen gegen geschichtliche Denkmäler, Kunstwerke oder Kultstätten zu begehen...»* Protokoll (II), 1977, Artikel 16

F *«Anlagen oder Einrichtungen, die gefährliche Kräfte enthalten, nämlich Staudämme, Deiche und Kernkraftwerke, dürfen [...] nicht angegriffen werden...»* Protokoll (I), 1977, Artikel 56, §1

G *«Es ist verboten, für die Zivilbevölkerung lebensnotwendige Objekte anzugreifen, zu zerstören, zu entfernen oder unbrauchbar zu machen...»* Protokoll (I), 1977, Artikel 54, §2

Moralisches Versagen

1995 bezeichnete das IKRK seine eigene Haltung gegenüber dem Holocaust während des Zweiten Weltkriegs öffentlich als «moralisches Versagen». Anhand der Archivdokumente konnte die Abfolge der Tatsachen, von den konkreten Handlungen bis zu den diplomatischen Schritten, von den praktischen Erfolgen bis zu den politischen Fehleinschätzungen des Komitees rekonstituiert werden.

Die Verfolgung der Juden durch die Nationalsozialisten beginnt bereits kurze Zeit nach der Machtübernahme Hitlers 1933 und wird in der Folge immer schlimmer, bis hin zur Politik der systematischen Vernichtung ab 1942. Das IKRK verfügt zu diesem Zeitpunkt über keinerlei Rechtsinstrument, um die Zivilbevölkerung zu schützen; das *Abkommen über die Behandlung der Kriegsgefangenen* von 1929 gilt in der Tat nur für Soldaten. Das IKRK betrachtet sich selbst deshalb als ohnmächtig angesichts der Entfesselung des Antisemitismus der deutschen Diktatur. Im Oktober 1942 weigert sich das Komitee, einen öffentlichen Appell für die vom Konflikt betroffene Zivilbevölkerung zu lancieren. Das Internationale Rote Kreuz versucht zwar, der jüdischen Zivilbevölkerung zu helfen, verhält sich dabei aber äusserst vorsichtig.

Erst im Frühling 1944 zeichnet sich eine Strategieänderung ab. Mitten im deutschen Debakel gelingt es IKRK-Delegierten endlich, sich Zugang zu einigen Konzentrationslagern zu verschaffen, wo sie sich freiwillig in Geiselhaft begeben, um die Massentötung oder die Zwangsevakuierung der Gefangenen zu verhindern.

Aus dem Zweiten Weltkrieg werden Lehren gezogen. 1949 verabschieden die Staaten das vierte Genfer Abkommen: Es schützt von nun an die Zivilbevölkerung in bewaffneten Konflikten. 1977 wird es durch Zusatzprotokolle ergänzt, die den Schutz der Opfer von internationalen und erstmals auch nicht internationalen bewaffneten Konflikten verstärken. Sie führen unter anderem die Unterscheidung zwischen Kombattanten und der Zivilbevölkerung ein.

Das IKRK seinerseits anerkennt seine während des Zweiten Weltkriegs begangenen Fehler und lanciert immer wieder öffentliche Appelle, um schwerwiegende Verletzungen der Genfer Abkommen zu verurteilen.

Geschichtliche Eckdaten Zweiter Weltkrieg

30. Januar 1933	Hitler wird deutscher Reichskanzler.
1. November 1936	Mussolini und Hitler schliessen eine Übereinkunft. Damit wird die Achse Berlin-Rom besiegelt.
25. November 1936	Deutschland und Japan unterzeichnen den Antikominternpakt, der ihre Zusammenarbeit im Falle eines Angriffs durch die Sowjetunion festlegt.
12. März 1938	Deutschland annektiert Österreich.
9. November 1938	In der Reichskristallnacht werden Pogrome gegen die Juden organisiert.
23. August 1939	Deutschland und die UdSSR schliessen einen Nichtangriffspakt.
1. September 1939	Deutschland fällt in Polen ein. Die Schweiz erklärt ihre Neutralität.
3. September 1939	Frankreich und das Vereinigte Königreich, einschliesslich seines Empires, erklären Deutschland den Krieg.
10. Mai 1940	Deutschland marschiert in Belgien ein.
22. Juni 1940	Frankreich unterzeichnet den Waffenstillstand mit Deutschland.
1. August 1940	Die Sowjetunion besetzt die baltischen Staaten Lettland, Litauen und Estland.
22. Juni 1941	Deutschland marschiert trotz des Nichtangriffspaktes in die UdSSR ein.
15. September 1941	Die deutsche Wehrmacht belagert Leningrad.
29. September 1941	Massaker von Babyn-Jar in der Ukraine: Mehr als 33 000 Juden aus Kiew werden von den Nationalsozialisten umgebracht.
23. November 1941	Zum ersten Mal wird im Konzentrationslager Auschwitz eine Gaskammer eingesetzt.
7. Dezember 1941	Japan überfällt Pearl Harbor und provoziert so den Kriegseintritt der USA.
20. Januar 1942	Auf der Wannseekonferenz wird die Vernichtung der Juden und der Zigeuner beschlossen.
16. Juli 1942	Rafle du Vélodrome d'hiver (Paris): Bei dieser Razzia werden mehr als 12.000 Juden verhaftet und deportiert.
2. Februar 1943	Die deutsche Wehrmacht unterliegt vor Stalingrad.
19. April 1943	Im Warschauer Getto kommt es zu einem Aufstand, der jedoch niedergeschlagen wird.
10. Juli 1943	Die Alliierten landen in Sizilien.
25. Juli 1943	Mussolini wird gestürzt.
6. Juni 1944	Die alliierten Streitkräfte landen in der Normandie.
Sommer 1944	Die deutsche Wehrmacht zieht sich aus dem sowjetischen Hoheitsgebiet zurück.
27. Januar 1945	Die sowjetischen Truppen befreien das Konzentrationslager Auschwitz.
4.-11. Februar 1945	Stalin, Churchill und Roosevelt treffen sich in Jalta und teilen Europa unter sich in Einflussbereiche auf.
24. April 1945	Die sowjetischen Truppen marschieren in Berlin ein.
30. April 1945	Hitler begeht in seinem Bunker in Berlin Selbstmord.
7. Mai 1945	Deutschland unterzeichnet seine bedingungslose Kapitulation.
6. + 9. August 1945	Die USA werfen Atombomben auf Hiroshima und Nagasaki ab.
14. August 1945	Japan kapituliert.

Insgesamt wurden 61 Länder in den Zweiten Weltkrieg hineingezogen. Rund 60 Millionen Menschen verloren ihr Leben, mehr als die Hälfte davon Zivilpersonen. 1945 gab es mehr als 20 Millionen Kriegsvertriebene.

Vertraulichkeit

In einem bewaffneten Konflikt ist es Auftrag des IKRK,
für die Einhaltung der Genfer Abkommen zu sorgen.
Wenn es schwerwiegende Verletzungen der Abkommen
feststellt, informiert es die betroffenen Staaten mittels
vertraulicher Berichte. Es ist jedoch schon vorgekommen,
dass diese Informationen in der Presse veröffentlicht
wurden: in der Zeitung *Le Monde* während des Algerien-
krieges, im *Wall Street Journal* über das Abu Ghraib-
Gefängnis, in der *New York Review of Books* oder auf der
Website von *Wikileaks* über das Lager in Guantanamo.

A

Durch solche Offenlegungen gerät das IKRK in heikle
Situationen, denn Diskretion ist unerlässlich, sowohl bei
seiner Arbeit als auch in seinen Kontakten zu den
Behörden. Oft erleichtert diese Geheimhaltung dem IKRK
den Zugang zu den Häftlingen, den Verwundeten und
der Zivilbevölkerung.

Wenn diese humanitäre Diplomatie scheitert, setzt
das IKRK auf eine offenere Kommunikation. Es publiziert
Pressemitteilungen, in denen es schwerwiegende
Verletzungen der Abkommen öffentlich verurteilt.

B

A   *Le Monde*, 5. Januar 1960, Frankreich
B   *The New York Review of Books*, 9. April 2009, USA
C   Screenshot von *Wikileaks*, 2011

Einige der öffentlichen Appelle des IKRK

1876	Für die Einhaltung des Genfer Abkommens während des Serbisch-Türkischen Krieges
1918	Gegen den Einsatz von Giftgas Für die Kriegsgefangenen
1936	Für die Einhaltung des Genfer Abkommens im Italienisch-Äthiopischen Krieg
1938	Gegen die Bombardierung der Zivilbevölkerung
1946	Zum Problem der Rückführung der Kriegsgefangenen
1948	An die kriegführenden Parteien des Konflikts in Palästina
1956	An die verantwortlichen Befehlshaber und die Kombattanten Ungarns
1961	An alle, die auf dem Gebiet des früheren Belgisch-Kongo eine Befehlsgewalt ausüben
1965	Für die Einhaltung der humanitären Regeln in Vietnam
1967	Für die Einhaltung der Genfer Abkommen in Nigeria
1971	Für die Einhaltung der Genfer Abkommen während des Indisch-Pakistanischen Krieges
1982	Für die Zivilbevölkerung von Beirut

1985	Gegen die Bombardierung der Zivilbevölkerung im Iran-Irak-Konflikt
1989	Für die Einhaltung des humanitären Völkerrechts im Konflikt in El Salvador
1991	An die kriegführenden Parteien des Konflikts in Jugoslawien
1994	An die kriegführenden Parteien in Ruanda Für den Respekt der Zivilbevölkerung in Afghanistan
1995	An die kriegführenden Parteien des Serbisch-Kroatischen Krieges
2002	Zum Gefangenenlager von Guantanamo Für die Einhaltung des humanitären Rechts in Kolumbien
2004	Gegen die Errichtung der Sperranlage in Israel Zur Krise in Darfur
2008	Für die Einhaltung des humanitären Rechts im Libanon
2010	Gegen die Blockade des Gazastreifens
2012	Für die Einhaltung der Grundsätze und Regeln des humanitären Völkerrechts in Syrien

Richten

Internationaler Strafgerichtshof, 2011

In den 1990er-Jahren schuf der Sicherheitsrat der Vereinten Nationen Ad-hoc-Tribunale, um über die in Ex-Jugoslawien und in Ruanda begangenen Verbrechen zu richten. Das Mandat dieser Gerichtshöfe war zeitlich begrenzt.

1998 wurde dann der Internationale Strafgerichtshof (IStGH) geschaffen. Diese ständige Instanz ist befugt, Ermittlungen und strafrechtliche Verfolgungen einzuleiten und Urteile gegen Personen auszusprechen, die Kriegsverbrechen, Völkermord oder Verbrechen gegen die Menschlichkeit begangen haben.

Der Internationale Strafgerichtshof nahm seine Tätigkeit im Jahr 2005 auf und leitete gleich drei Untersuchungen ein: in der Demokratischen Republik Kongo, in Uganda und im Sudan.

In Kambodscha hingegen wurde im Verfahren gegen die Verantwortlichen des Völkermords ein Sonderantrag eingereicht: Die Behörden des Landes forderten, dass neben den von der UNO eingesetzten Richtern kambodschanische Richter in einem gemischten, vom Internationalen Strafgerichtshof unabhängigen Gericht tagen sollten.

Das Bestehen eines internationalen und ständigen Strafgerichtshofs gibt der Menschheit die Möglichkeit, Tatbestände zu ermitteln und die Verantwortlichen zu bestrafen. Die Opfer ihrerseits erhalten Gelegenheit, angehört zu werden.

Die Herausforderungen

Armut, Migration, Gewalt in den Städten:
Die heutigen Bedrohungen für die Menschenwürde sind zahlreich.

An vielen Orten der Welt lebt die Bevölkerung
unter äusserst schlechten Hygienebedingungen
und in prekärsten Situationen.

Die wirtschaftlichen Veränderungen zwingen
immer mehr Menschen dazu, auszuwandern.

Diese Migranten haben oftmals keine Papiere
und werden ausgebeutet oder abgelehnt.

In einigen Grossstädten sind ganze Stadtviertel
dem Gesetz bewaffneter Banden ausgeliefert,
die die Bewohner in Angst und Schrecken
versetzen.

Jede dieser Situationen stellt eine Herausforderung
dar, auf die es zu reagieren gilt.

Voodoo-Puppen. Angefertigt von: Clécio Regis, Wellington Leite dos Santos

Die Gefangenen

Seit dem Ersten Weltkrieg ist das Internationale
Rote Kreuz berechtigt, in einem internationalen
bewaffneten Konflikt Kriegsgefangene und
inhaftierte Zivilpersonen zu besuchen. In allen
anderen Situationen muss es das Recht, die
Gefangenen zu treffen, mit den Behörden aus-
handeln. Gefängnisbesuche, Gespräche mit den
Häftlingen, ihre Aufnahme in eine Liste, all das
sind Mittel und Wege, um dem Verschwinden von
Personen und ihrer Misshandlung vorzubeugen.

A

B

C

Gefängnisbesuche

A Besuch eines Delegierten in einem Lager
  mit deutschen Kriegsgefangenen, Marokko,
  Erster Weltkrieg, 1916
B Gespräch eines Delegierten mit einem
  französischen Kriegsgefangenen, Stalag XVII B,
  Gneixendorf (Krems), Deutschland, Zweiter
  Weltkrieg, 1940
C Besuch eines Delegierten bei politischen
  Gefangenen, Santiago, Chile, 1976
D Gespräch unter vier Augen mit einem Häftling,
  Dschibuti, Zentralgefängnis Gaboré, 2003

Nach jedem Gefängnisbesuch verfassen die
Delegierten des IKRK einen Bericht. Sie müssen
Zugang zu allen Gewahrsamsorten haben und
ihre Besuche so oft wiederholen können, wie sie
es für nötig halten.

Die Besuche verlaufen immer nach dem gleichen
Verfahren. Nach einem Gespräch mit der
Gefängnisleitung inspizieren die Delegierten die
Einrichtung: Zellen, Schlafsäle, Toiletten, Hof,
Küche, Werkstätten. Sie erstellen eine Liste der
Gefangenen und führen mit den Inhaftierten
ohne Zeugen ein privates Gespräch.
Am Ende des Besuchs teilen die Delegierten ihre
Beobachtungen der Leitung der Haftanstalt mit.
Danach bereiten sie einen vertraulichen Bericht
an die Behörden vor.

D

Geschichten von Gegenständen

A <u>Modell verschiedener humanitärer Tätigkeiten, Ruanda, 2003</u>
Dieses Modell wurde von einem Häftling angefertigt, der
wegen seiner Beteiligung am Völkermord verurteilt worden
war. Er schenkte es im Jahr 2003 einer Delegierten.

Im Vordergrund links: Gefangene in rosa Kleidung, unter
ihnen eine an ihrem Schild erkennbare IKRK-Delegierte;
hinter ihnen befindet sich das Gefängnis. Links ein Programm
für Strassenkinder. Rechts ein vom UNHCR und von UNICEF
unterstütztes Flüchtlingslager. All diese Szenen werden von
Bibelversen begleitet.

Häufig schenken die Häftlinge dem Delegierten, der sie besucht, etwas. Diese aus rudimentären Materialien angefertigten Objekte zeugen einerseits von ihrem Bedürfnis, der Gefängniswelt zu entkommen, andererseits verkörpern sie den Wunsch, ihrer Dankbarkeit Ausdruck zu verleihen. Symbolisch gesehen ist es zudem, als ob ein Teil von ihnen in die Freiheit entfliehen könnte.

B Figürchen einer Delegierten, Argentinien, 1982
Dieses Geschenk wurde von einem Gegner der Militärdiktatur im Gefängnis angefertigt und der IKRK-Delegierten über den Bruder des Inhaftierten, den sie besuchte, übergeben.

C Schlange aus Perlen, 1919
Während des Ersten Weltkriegs bastelten zahlreiche osmanische Gefangene kleine Objekte aus Perlen. Einige verschenkten sie, andere verkauften oder tauschten sie, wieder andere schliesslich behielten sie als Erinnerung an die Gefangenschaft. Die Schlange gilt als Glückssymbol.

E   Ziborium aus Brot, Polen, 1982
     Dieser Kelch aus Brot erinnert an ein Ziborium, den
     Behälter, in dem im katholischen Gottesdienst die
     Hostien aufbewahrt werden. Er wurde von polnischen
     Gefangenen, Oppositionellen des kommunistischen
     Regimes, angefertigt. Die Parallele zwischen ihrem
     politischen Engagement und dem Leben Jesu Christi
     wird durch die Ketten auf beiden Seiten des Kelches
     sowie durch das auf dem Fuss dargestellte Kruzifix
     verdeutlicht. Der Adler auf dem Deckel ist das pol-
     nische Wappentier; er trägt hier die Krone auf dem
     Haupt, die von der kommunistischen Regierung 1945
     entfernt wurde.

D   Halskette, Libanon, 1996
     Die Arbeit des IKRK wird durch die Farben weiss
     und rot gewürdigt. Der Buchstabe G erinnert
     an Genf, den Hauptsitz der Organisation.
     Die Gefangene, die die Kette gebastelt hat,
     betont die Bedeutung der kreativen Aktivitäten
     für die Häftlinge:
     *«Für mich bedeutet kreative Betätigung ganz
     und gar nicht, bloss seine Zeit totzuschlagen.
     Kreative Betätigung ist kein Spiel. Wer kreativ
     ist, erobert sich endlich eine Meinungsfreiheit,
     spricht aus, was er denkt, während rund
     um uns herum alles dazu einlädt, zu schweigen
     und zu vergessen, wer wir sind.»*

F Seifenskulptur, Myanmar, 1999
   Diese aus einer Seife gefertigte Figur zeigt
   einen in seiner Zelle kauernden Häftling.
   Sie wurde von Htein Lin angefertigt, einem
   birmanischen Künstler, der wegen seiner
   angeblichen Beziehungen zur Opposition zu
   sieben Jahren Gefängnis verurteilt worden
   war. Er beteiligte sich 1988 an der Bewegung
   für die Demokratie, hatte sich jedoch bei seiner
   Verhaftung 1998 aus allen politischen Aktivitäten
   zurückgezogen und widmete sich nur noch
   seiner künstlerischen Tätigkeit. 2004 wurde
   er wieder freigelassen, nachdem die Regierung
   zugab, dass die gegen ihn vorgebrachten
   Anschuldigungen unbegründet seien. Seife war
   neben den Kleidern und einer Zahnbürste
   eines der wenigen Dinge, die den Häftlingen in
   den Gefängnissen von Myanmar erlaubt waren.

The Colours of Dignity

Die Ausstellungseinheit *Die Menschenwürde verteidigen* sollte mit einer hoffnungsvollen und handlungsorientierten Perspektive abschliessen. Die ursprüngliche Idee bestand darin, diese Erfahrung nicht auf einen einzelnen Fall zu beschränken, sondern im Gegenteil, eine Erfahrung zu vermitteln, welche die Sinne, die Emotionen und Empfindungen ansprechen würde.

Als Ergebnis dieser Suche entstand ein Werk, bei dem der Besucher grosse Farbenströme verändern und entstehen lassen kann, indem er eine Wand berührt – Ströme, die umso umfangreicher werden, je mehr Besucher sich beteiligen.

Um das Eintauchen ins Werk zu vertiefen, spielt dieses mit der Wirkung der Farben auf die anderen Wände der Ausstellungseinheit. So werden alle Besucher zu Miterlebenden einer farbigen Feier für die Menschenwürde.

Nicolas Henchoz
Projektleiter

Projekt: EPFL+ECAL Lab
Designer: Cem Sever, Mathieu Rudaz
Ingenieure: Gavrilo Bozovic, Emmanuel Senft, Jean-Baptiste Wenger

Der Mensch ist ein soziales
Wesen, er definiert
sich durch die Beziehungen
zu seinen Mitmenschen.
Wenn diese Bande zerstört
werden, verliert er einen
Teil seiner Identität
und seiner Orientierung.
Neuigkeiten erhalten
und selber erzählen, seine
Angehörigen wiederfinden ...
Diese Elemente der Stabilität
sind in Krisenzeiten umso
notwendiger.

Familienbande
wiederherstellen

Architekt:
Diébédo Francis Kéré, Burkina Faso

Der Raum
der Begegnungen

Toshihiko Suzuki, Sami El Haj,
Liliose Iraguha, Boris Cyrulnik

Toshihiko Suzuki

Zahnarzt, Spezialist für Schädel- und
Gesichtsanatomie, verantwortlich
für die Identifizierung der Tsunamiopfer
von 2011

Japan

*«Unmittelbar nach dem starken
Erdbeben in Tohoku half ich der Polizei
zusammen mit anderen Zahnärzten,
in der Leichenhalle die Zähne von
Leichen zu untersuchen und die Toten
zu identifizieren.»*

*«Wird ein geliebter Mensch nach einer
Katastrophe vermisst, können wir
die Trauerzeit nicht beginnen, solange
die Leiche nicht gefunden und uns
zurückgegeben wurde.»*

*«Herauszufinden, wer die Personen
sind, zu wem sie gehören und wohin
man die Leiche zurückgeben soll,
ist wesentlich, um die Menschenwürde
zu bewahren.»*

«Ich wurde von den pakistanischen
Behörden verhaftet. Ich gehörte
zu einem Team von Al-Dschasira,
das über den Krieg der USA in
Afghanistan berichtete.»

«In Guantanamo wurde unsere Würde
verletzt und unser Gefühl der
Menschlichkeit zerstört. Wir wurden
auf zwei verschiedene Arten
gefoltert: körperlich, das hörte nach
einer Weile auf, und psychologisch,
was uns schwer schädigte, weil
wir den Kontakt zu unseren Familien
verloren hatten.»

«Als ich den Brief und das Foto in Empfang nahm, brach ich in Tränen aus
und schluchzte mehrmals laut auf.»

«Die Briefe des IKRK waren das einzige
Mittel für mich, um den Kontakt zu
meiner Familie aufrechtzuerhalten.»

«Zum Zeitpunkt des Völkermordes war ich neun Jahre alt. Meine Eltern wurden getötet. Sie töteten die Menschen auf grausame Art und Weise, es war schrecklich.»

«Nach unserer Ankunft in Tansania, zusammen mit den Nachbarn, wurde die Situation nicht besser, das Leben im Lager war sehr hart.»

«Danach wurde uns viel geholfen, damit wir wieder Vertrauen im Leben gewannen und wieder zu Menschen wurden, denn wir hatten den Eindruck, dass man uns nie wieder gern haben könnte, wir dachten, alle Menschen seien schlecht.»

«Wir sind wieder fröhlich, menschlich, würdevoll geworden und führen heute ein normales Leben. Heute bin ich glücklich.»

«Lange Zeit dachte man, dass wenn ein grosses Unglück über einen Menschen hereinbrach, er für den Rest des Lebens verloren sei. Aufgrund dieser Denkweise kümmerte man sich nicht um seelisch verletzte Menschen.»

«Die Definition des Begriffs Resilienz ist einfach: Es geht darum, sich nach einem traumatischen Zusammenbruch einer neuen Entwicklung zuzuwenden.»

«Nach dem Trauma heisst das Schlüsselwort ‹Unterstützung›. Zunächst eine schweigende, affektive Unterstützung, eine beruhigende Mit-Anwesenheit, das ist alles. Danach die Sprache, die innerliche Formulierung, um sich eine kohärente Vorstellung dessen zu machen, was mit einem geschehen ist, auf die Gefahr hin, die Erinnerung zurechtzubiegen. Dann das Erzählen dieser Erfahrung, jemandem gegenüber, der einem Vertrauen einflösst.»

Suche nach Vermissten

Während eines Konflikts oder bei einer Natur-
katastrophe verlieren zahlreiche Menschen
den Kontakt zu ihren Familien, sei es durch
Gefangenschaft, Trennung oder Verschwinden.
Für sie wird die Suche nach der Familie und
die Kontaktaufnahme zu den Angehörigen deshalb
zu einem grundlegenden Bedürfnis.

Zu Beginn widmeten sich die Suchdienste
ausschliesslich den Kriegsopfern, dehnten
ihre Tätigkeit jedoch später auf verfolgte
Zivilpersonen aus. In jüngerer Zeit weiteten
sie ihre Suchtätigkeit erneut aus: auf Familien,
die durch Naturkatastrophen oder Migration
getrennt wurden.

A

Auf der Suche nach Familienmitgliedern

B

C

A Österreich, 1947
B Zypern, 1974
C Kaschmir, Indien, 2006
D Bam, Iran, 2004
E Tschetschenien, 2007
F Argentinien, 2006
G Japan, 2011

D

E

F

G

Die Internationale Zentralstelle für Kriegsgefangene (1914-1923)

Die Internationale Zentralstelle für Kriegsgefangene wurde 1914 vom IKRK geschaffen, kurz nach Ausbruch des Ersten Weltkriegs. Ihr Archiv ist in nationale Sektionen aufgeteilt und enthält sechs Millionen Karteikarten, die das Schicksal von zwei Millionen Menschen dokumentieren: Kriegsgefangene, internierte Zivilisten und Zivilpersonen in besetzten Gebieten. Diese Karteikarten enthalten Informationen über die Gefangenen: den Zeitpunkt ihrer Verhaftung, den Ort der Haft und eventuell ihren Tod. Familien ohne Nachricht eines Angehörigen können eine Anfrage an die Zentralstelle richten. Diese übermittelt ihnen dann die Informationen, über die sie verfügt, gemäss einem klar festgelegten Verfahren.

Die Dokumente der Zentralstelle dienen auch heute noch dazu, Anfragen von Familien zu beantworten, aber mittlerweile werden auch Anträge von Historikern bearbeitet. In Anerkennung ihrer aussergewöhnlichen Bedeutung hat die UNESCO das Archiv 2007 ins dokumentarische Welterbe «Gedächtnis der Menschheit» aufgenommen.

Zu einem späteren Zeitpunkt wurden andere Register dieser Art für die Konflikte des 20. Jahrhunderts geschaffen. Das IKRK führt diese Tätigkeit auch heute noch weiter. Dazu nutzt es die neuen Technologien.

Das Archiv der Internationalen Zentralstelle für Kriegsgefangene

Die Internationale Zentralstelle für Kriegsgefangene in Zahlen:
- 5119 Kisten mit rund 6 Millionen Karteikarten
- 2413 von den Kriegsparteien gelieferte Informationsregister, die insgesamt 600 000 Seiten umfassen (Listen der Gefangenen, Gefallenen und Heimgekehrten, Untersuchungsberichte etc.)
- 20 Meter Regale gefüllt mit allgemeinen Dossiers.

1914 bezog die Internationale Zentralstelle für Kriegs-
gefangene das Gebäude des Musée Rath in Genf.
Während des ganzen Krieges arbeiteten mehr als 3000
Freiwillige, hauptsächlich Frauen, in der Zentralstelle.
Sie übermittelte in dieser Zeit 20 Millionen Nachrichten
zwischen Gefangenen und ihren Familien. Fast zwei
Millionen Einzelpakete und mehrere Tonnen kollektive
Hilfsgüter wurden verschickt.

Die Rolle der Zentralstelle besteht auch darin, die
Heimschaffung derjenigen Gefangenen zu erwirken,
deren Verhaftung eine Verletzung der Genfer
Abkommen darstellt: Ärzte, Krankenschwestern,
Sanitäter und Militärpfarrer. Sie leistet einen Beitrag
zur Rückkehr der Verwundeten in ihre Heimat oder
zu ihrer Internierung in neutralen Staaten.

Der Schriftsteller und Pazifist Romain Rolland war einer
der ersten Freiwilligen der Zentralstelle. Er sagte
Folgendes über sie: *«Durch ihr friedliches Werk, durch
ihre unparteiische Kenntnis der Tatsachen in den
vom Krieg betroffenen Ländern kann sie dazu beitragen,
den durch erfundene Erzählungen geschürten Hass
ein wenig abzumildern und das Menschliche zu zeigen,
das selbst im ärgsten Feind noch steckt.»*[1]

1   Romain Rolland, Inter Arma Caritas, *Journal de Genève*, 4. 11. 1914

A   Die Internationale Zentralstelle für
    Kriegsgefangene, Musée Rath, Genf, 1914-1918
B   Die 1200 freiwilligen Mitarbeitenden
    der Internationalen Zentralstelle für
    Kriegsgefangene, Genf, 1914

Der Erste Weltkrieg

Am 28. Juli 1914 erklärt Österreich-Ungarn Serbien den
Krieg. In nur wenigen Wochen werden die meisten europä-
ischen Staaten in den Konflikt hineingezogen.
Der Erste Weltkrieg bringt zwei grosse Koalitionen gegen-
einander auf: die eine geführt von Deutschland, Österreich-
Ungarn und dem Osmanischen Reich, die andere von
Frankreich, dem Vereinigten Königreich, Russland, Serbien,
Japan und ab April 1917 den USA. 1918 sind 44 Staaten
und ihre Kolonien am Krieg beteiligt. Dieser endet am

11. November 1918 mit der Niederlage Deutschlands und
seiner Verbündeten.
Im östlichen Europa entstehen mehrere neue Länder,
das Osmanische Reich bricht auseinander. Insgesamt sterben
im Ersten Weltkrieg mehr als 8 Millionen Menschen,
20 Millionen werden verwundet. Die Auswirkungen
des Krieges reichen noch viel weiter: Fast 30 Millionen
Menschen sterben unmittelbar nach dem Krieg durch
Epidemien, Hungersnöte und Elend.

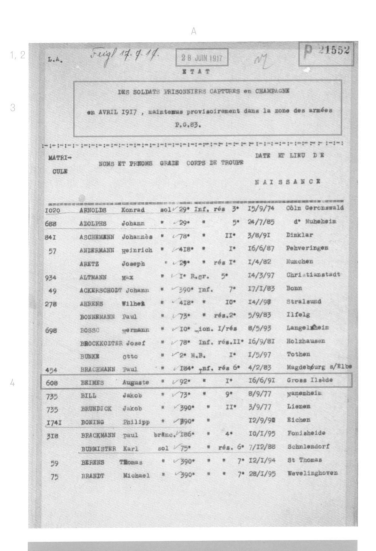

A

B

<table>
<tr><td>1, 2</td><td colspan="6">L.A.   Feigl 17.7.17.   2 8 JUIN 1917   M   P 21552</td></tr>
<tr><td></td><td colspan="6">E T A T</td></tr>
<tr><td></td><td colspan="6">DES SOLDATS PRISONNIERS CAPTURES en CHAMPAGNE</td></tr>
<tr><td>3</td><td colspan="6">en AVRIL 1917 , maintenus provisoirement dans la zone des armées
P.G.83.</td></tr>
</table>

<table>
<tr><td>MATRI-
CULE</td><td colspan="3">NOMS ET PRENOMS   GRADE   CORPS DE TROUPE</td><td colspan="2">DATE ET LIEU DE
NAISSANCE</td></tr>
<tr><td>1020</td><td>ARNOLDS</td><td>Konrad</td><td>sol 29* Inf. rés 3*</td><td>15/9/74</td><td>Cöln Gerenswald</td></tr>
<tr><td>688</td><td>ADOLPHS</td><td>Johann</td><td>" 29* " 5*</td><td>24/7/85</td><td>d* Muheheim</td></tr>
<tr><td>841</td><td>ASCHEMANN</td><td>Johannès</td><td>" 78* " II*</td><td>3/8/91</td><td>Dinklar</td></tr>
<tr><td>57</td><td>ANDERMANN</td><td>Heinrich</td><td>" 418* " I*</td><td>16/6/87</td><td>Pehveringen</td></tr>
<tr><td></td><td>ARETZ</td><td>Joseph</td><td>" 29* " rés I*</td><td>1/4/82</td><td>Munchen</td></tr>
<tr><td>934</td><td>ALTMANN</td><td>Max</td><td>" I* R.gr. 5*</td><td>14/3/97</td><td>Christianstadt</td></tr>
<tr><td>49</td><td>ACKERSCHODT</td><td>Johann</td><td>" 390* Inf. 7*</td><td>17/I/83</td><td>Bonn</td></tr>
<tr><td>278</td><td>AHRENS</td><td>Wilhem</td><td>" 418* " IO*</td><td>14//98</td><td>Stralsund</td></tr>
<tr><td></td><td>BONNEMANN</td><td>Paul</td><td>" 73* " rés.2*</td><td>5/9/83</td><td>Ilfelg</td></tr>
<tr><td>698</td><td>BOSSC</td><td>Hermann</td><td>" IO* ion. I/rés</td><td>8/5/93</td><td>Langelnheim</td></tr>
<tr><td></td><td>BROCKKODTER</td><td>Josef</td><td>" 78* Inf. rés.II*</td><td>16/9/8I</td><td>Holzhausen</td></tr>
<tr><td></td><td>BUNKE</td><td>Otto</td><td>" 2* M.B. I*</td><td>1/5/97</td><td>Tothen</td></tr>
<tr><td>454</td><td>BRACHMANN</td><td>Paul</td><td>" 184* Inf. rés 6*</td><td>4/2/83</td><td>Magdeburg a/Elbe</td></tr>
<tr><td>608</td><td>BEIMES</td><td>Auguste</td><td>" 92* " I*</td><td>16/6/9I</td><td>Gross Ilsède</td></tr>
<tr><td>735</td><td>BILL</td><td>Jakob</td><td>" 73* " 9*</td><td>8/9/77</td><td>Nanenheim</td></tr>
<tr><td>735</td><td>BRUNDICK</td><td>Jakob</td><td>" 390* " II*</td><td>3/9/77</td><td>Lienen</td></tr>
<tr><td>174I</td><td>BONING</td><td>Philipp</td><td>" 390* "</td><td>I2/9/9</td><td>Eichen</td></tr>
<tr><td>3I8</td><td>BRACKMANN</td><td>Paul</td><td>brgnc 186* " 4*</td><td>IO/I/95</td><td>Fonisheide</td></tr>
<tr><td></td><td>BURMISTER</td><td>Karl</td><td>sol 75* " rés. 6*</td><td>7/I2/88</td><td>Schnlendorf</td></tr>
<tr><td>59</td><td>BERENS</td><td>Thomas</td><td>" 390* " " 7*</td><td>I2/I/94</td><td>St Thomas</td></tr>
<tr><td>75</td><td>BRANDT</td><td>Michael</td><td>" 390* " " 7*</td><td>28/I/95</td><td>Wevelinghoven</td></tr>
</table>

B

BEI

Beimes   August

Slt

92. Inf. 1. Cie

N 608

16.6.91.

1

2   P 21552
     20819
     34093

1   Datum, an dem die Zentralstelle die Liste erhält
2   Nummer der Liste
3   Inhaftierte deutsche Soldaten, gefangen genommen
    in der Champagne im April 1917 und vorübergehend
    in der Armeezone festgehalten
4   Informationen über einen Gefangenen: Registriernummer,
    Name und Vorname, Dienstgrad, Geburtsdatum und -ort

1   Name und Vorname des Soldaten,
    seine Einteilung, sein Dienstgrad,
    seine Registriernummer und
    sein Geburtsdatum
2   P 21552 bezieht sich auf Liste,
    die die Zentralstelle erhalten hat

Karteikarten für die Personensuche

Die Internationale Zentralstelle für Kriegsgefangene erhält von den Behörden des
internierenden Landes eine Gefangenenliste (A).
Sie erstellt anschliessend für jeden Gefangenen
eine Karteikarte (B), die die Informationen
aus den Gefangenenlisten enthält. Wenn die
Familie um Nachricht ersucht, erstellt die
Zentralstelle eine weitere Karteikarte (C). Durch
die Ähnlichkeiten zwischen den Informationen
auf den zwei Karteikarten (B ud C) wird die
Identität der Person bestätigt. Der Gefangene
und seine Familie können nun wieder Kontakt
zueinander aufnehmen.

1 Name und Vorname des gesuchten
  Soldaten, sein Geburtsdatum und
  seine Einteilung
2 Datum und Ort seines Verschwindens:
  am 16. April 1917 in Craonne
3 Stempel *Schreiben an die Familie*, 20. Juli
  1917, weist auf das Datum hin, an dem
  die Zentralstelle die Familie informierte
4 Die Suchanfrage wird beim Deutschen
  Roten Kreuz in Hamburg eingereicht
  und an die Zentralstelle weitergeleitet

A

To: The Australian Red Cross Society, Melbourne

SM/N/ej
INQUIRY FORM   Arolsen, 21st February 1975
OUR Ref.: T/D - 129 243/244

PERSON INQUIRED FOR: Name:	First name:	Maiden name:
PROKOSCHIN	Maria	
Date of birth:	Place of birth:	
10 April 1904	Orel, Poland	
Father's name:	Mother's name:	
--	--	
Religion:	Family Status:	Nationality:
Catholic	widowed	Ukrainian

last known residence: Federal Republic of Germany

EMIGRATED on: from: by:
25 September 1949 Naples   SS "Goya"

Destination: Australia

accompanied by: P. Elvira (daughter), born 11 October 1928
in Wetka - Stalino, Poland

INQUIRER Name: Mrs. Lidia Albertowna Palmina (niece)
Address: Kischinew 277029, ul. Muntscheschtsskaja Nr. 802,
through: kw. 27, Mold.SSR., UdSSR
The German Red Cross, Munich

Annexes: 1 inquiry (photocopy) with translation thereof.

p.t.o.

A. Opitz
Leiter der Archive

Elvira Stuart und Lidia Palmina

2002 wendet sich die in Australien lebende
Elvira Stuart an den Internationalen
Suchdienst (ITS). Um ihre Rente zu erhalten,
benötigt sie ein Dokument, das ihre
Berufstätigkeit in Deutschland während
des Zweiten Weltkriegs bescheinigt.
Der ITS informiert sie darüber, dass ihre
Cousine, Lidia Palmina, 1974 erfolglos versucht
hatte, sie zu finden. Nachdem sie dies
erfahren hat, reicht Elvira Stuart ihrerseits
eine Suchanfrage ein, um Lidia
Palmina nach mehr als 60 Jahren der
Trennung wiederzufinden.
Die beiden Cousinen hatten sich 1943 in Lodz,
Polen, aus den Augen verloren. Elvira und
ihre Mutter wurden nach Deutschland gebracht,
während Lidia und ihre Familie, Ukrainer mit
deutschen Vorfahren (Volksdeutsche) am Ende
des Krieges von der sowjetischen Armee
in den Ural deportiert wurden. 1949 wanderte
Elvira nach Australien aus. Lidia Palmina liess
sich 1964 in Moldawien nieder. Nach einem
ersten erfolglosen Einwanderungsversuch nach
Deutschland 1989, zog sie schliesslich im Jahr
2008 nach Dresden.

Der Internationale Suchdienst

Nach dem Ersten Weltkrieg wird der Schutz der
Kriegsgefangenen in den Genfer Abkommen
verankert. Unmittelbar nach Ausbruch des Zweiten
Weltkriegs nimmt die Zentralstelle ihre Tätigkeit
wieder auf und weitet sie stark aus. Doch erst
nach Ende des Krieges erkennt Europa das
Ausmass der Tragödie, der die Zivilbevölkerung
zum Opfer gefallen ist. Zu diesem Zeitpunkt
wird der Internationale Suchdienst geschaffen.

Der Internationale Suchdienst (ITS) beherbergt
ein Archiv für die zivilen Opfer des Zweiten
Weltkriegs. Er verfügt über Dossiers von mehr
als 17 Millionen Menschen: von den Nationalsozialisten verfolgte Zivilisten, Vertriebene,
Kinder unter 18 Jahren, die von ihrer Familie
getrennt wurden, Zwangsarbeiter und
Inhaftierte der Konzentrations- und Arbeitslager.

Der Internationale Suchdienst wurde 1943 von
den Alliierten geschaffen. Seit 1946 befindet
er sich in Bad Arolsen in Deutschland. Von 1955
bis 2012 wurde dieser Dienst vom IKRK verwaltet.
Seit 2013 arbeitet er mit dem deutschen Bundes-
archiv zusammen. Er ist seit 2008 für die
öffentliche und historische Forschung zugänglich.

Dank diesem Dienst konnten zwischen 1982
und 2007 2,2 Millionen Menschen Hinweise auf
ihre Angehörigen finden.[1]

1   Editorial von Reto Meister, Direktor des Internationalen
    Suchdienstes, 14. 5. 2007

A Anfrage von Lidia Palmina, geborene Sachs, auf der Suche
   nach Maria Prokoschin und ihrer Tochter Elvira, 1974

Die Suchmethoden der heutigen Zeit

Die Suche nach Vermissten ist heute auch bei Opfern von Naturkatastrophen und in gewissen Fällen bei Migranten möglich. Neben den vom ITS erstellten Dateien werden zahlreiche weitere Suchmethoden eingesetzt: die Suche mittels Fotos, die Verbreitung von Namenslisten oder auch das Internet.

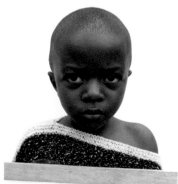

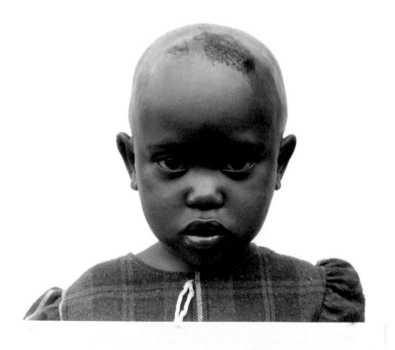

Im angolanischen Mitteilungsblatt des Roten
Kreuzes wurde eine Liste von Personen
zusammengestellt, die während des Bürger-
krieges von 1975 bis 2002 verschwunden waren.
Die nach Konfliktende veröffentlichte Liste
umfasste 18 000 Namen. Sie wurde im ganzen
Land und in den Flüchtlingslagern der benach-
barten Länder verteilt. Sieben Jahre nach Ende
des Bürgerkriegs konnten so über 2000 unbe-
gleitete Kinder aufgefunden und mehr als 750
Personen mit von ihnen getrennten Angehörigen
zusammengebracht werden. Dieselbe Such-
methode wurde auch in Bosnien und in Nepal
eingesetzt.

Dank der Website *familylinks*.*icrc*.*org* kann den
Familien geholfen werden, Informationen über
Angehörige zu erhalten, von denen sie kein
Lebenszeichen mehr haben. Umgekehrt erlaubt
sie auch den Gesuchten, sich zu melden. Die
Website wird vom IKRK in Zusammenarbeit
mit den nationalen Rotkreuz- und Rothalbmond-
gesellschaften betrieben. Sie schliesst sowohl
Personen ein, die im Zusammenhang mit bewaff-
neten Konflikten verschwunden sind, als auch
Vermisste bei Naturkatastrophen und in gewissen
Fällen Migranten. Die einzelnen Seiten werden
regelmässig aktualisiert.

Fotos aus Ruanda

1994, nach dem Völkermord in Ruanda, wurde die Aktion «Auffinden durch Fotos» ins Leben gerufen, um zu versuchen, die auseinandergerissenen Familien wieder zu vereinen. Aufgrund des Alters und der erlebten Traumata war es für die Kinder schwierig, Angaben über ihre Identität zu machen. Tausende von ihnen wurden deshalb fotografiert und in eine Datenbank aufgenommen. Anschliessend wurden der Bevölkerung, insbesondere in den Flüchtlings- und Vertriebenenlagern, Fotoalben gezeigt, mit deren Hilfe Eltern oder Angehörige die Kinder identifizieren konnten.

Die vom IKRK gemeinsam mit UNICEF lancierte Aktion dauerte bis 2003.

In Kombination mit anderen Methoden gelang es, dank dieser Fotos die Familien von fast 20 000 Kindern wiederzufinden.

Der Konflikt in Ruanda

Die ethnischen Spannungen in Ruanda wurzeln in der Kolonialisierung anfangs des 20. Jahrhunderts. Mit der Unabhängigkeit im Jahr 1962 werden die früher von den Kolonialherrschern begünstigten Tutsi von der Hutu-Mehrheit ausgegrenzt und verfolgt. Viele fliehen in die Nachbarländer, vor allem nach Uganda.

1987 bilden die Tutsi im Exil eine politische Partei, die zugleich bewaffnete Armee ist: die Ruandische Patriotische Front (*Front patriotique rwandais* – FPR). Bald stossen Hutu, Gegner der Regierung von Präsident Habyarimana, zu ihnen. Der Präsident übt seit 1973 eine diktatorische Herrschaft über das Land aus und die Opposition gegen ihn wächst stetig.

1990 greift die FPR die ruandischen Streitkräfte an und marschiert ins Land ein. Präsident Habyarimana stellt sich als Verteidiger der Hutu-Bevölkerung dar und organisiert die Bildung von bewaffneten Milizen (die Interahamwe). Die FPR, geschwächt durch den Tod ihres Anführers, beendet ihre Offensive rasch wieder. Darauf folgt eine Reihe sporadischer Zusammenstösse, die sich bis 1993 mit mehreren Waffenruhen abwechseln.

1993 greift die FPR mit 20 000 Soldaten an und zwingt die ruandische Armee zum Rückzug. Die Angst unter der Hutu-Bevölkerung steigt noch mehr, zusätzlich geschürt durch die Propaganda der Regierung. Oberst Bagosora, ein Vertrauter des Präsidenten, wird Befehlshaber der Interahamwe-Milizen und bereitet den Völkermord der Tutsi vor. Es kommt zunächst zu Verhandlungen zwischen der FPR und dem ruandischen Staat, mit der Unterzeichnung eines Friedensvertrags im August 1993 in Arusha (Tansania). Dieser sieht unter anderem die Aufnahme der im Exil lebenden Tutsi und die Bildung einer Übergangsregierung vor. Die UNO entsendet Friedenstruppen, um die Umsetzung des Abkommens sicherzustellen.

Im April 1994 stirbt Präsident Habyarimana bei einem Anschlag. Oberst Bagosora erhält dadurch freie Hand: Der Völkermord kann beginnen. Die ersten Ziele sind moderate Hutu, dann die in Ruanda lebenden Tutsi. Zwischen April und Juli 1994 werden rund 800 000 Männer, Frauen und Kinder von den Milizen umgebracht, mehrheitlich mit Macheten. Die in Ruanda stationierten UNO-Truppen erhalten den Befehl, nicht einzugreifen.

Die FPR führt ihren Vorstoss im Land fort und nimmt am 4. Juli 1994 Kigali ein. Aus Angst vor Vergeltungsmassnahmen fliehen rund zwei Millionen Hutu nach Zaire. Basierend auf dem Friedensabkommen von Arusha wird eine neue Regierung eingesetzt. Die meisten Hutu-Flüchtlinge kehren ab 1996 in mehreren Wellen wieder nach Ruanda zurück.

Das Bedürfnis nach Gewissheit

Trotz aller Suchbemühungen kommt es manchmal vor, dass die vermissten Personen nicht gefunden werden. In solchen Fällen nimmt die Ungewissheit ein Ende, wenn der Tod bestätigt werden kann. Dieser Schritt ist für die Familien unerlässlich, damit sie ihre Trauerarbeit beginnen und ihr Leben neu aufbauen können.

Das Errichten von Denkmälern erlaubt den Menschen zudem, ihre Toten zu ehren und sie ins kollektive Gedächtnis aufzunehmen.

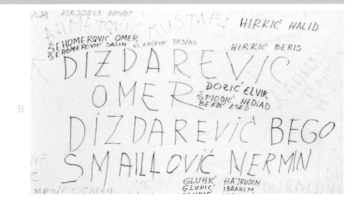

SREBRENICA 300 DANA SVIJETE -POMOZITE NAŠIM MAJKAMA DA NAĐU SVOJE SINOVE -DJECI OČEVE *WORLD! HELP OUR MOTHERS TO FIND THEIR SONS, CHILDREN AND FATHERS!*

Die Vermissten von Srebrenica

1989 zählt Jugoslawien sechs Republiken, darunter Serbien, Kroatien, Bosnien und Herzegowina sowie Slowenien. Ab 1989 gewinnen separatistische Bewegungen immer mehr Einfluss, insbesondere im Kosovo, einer serbischen Provinz. Serbiens Präsident Slobodan Milošević ruft ein Programm ins Leben, mit dem Ziel, die Macht über die anderen Regionen Jugoslawiens, in denen Serben leben, zu übernehmen.

Im April 1992 erklärt Bosnien und Herzegowina nach Kroatien und Slowenien seine Unabhängigkeit. In Bosnien und Herzegowina lebt eine grosse serbische Gemeinschaft, obwohl die muslimische Bevölkerung zahlreicher ist.

Die bosnischen Serben spalten sich unter der Führung von Radovan Karadžić ab und rufen die Unabhängigkeit der serbischen Republik in Bosnien (Republik Srpska) aus. Mit der Unterstützung Serbiens greifen sie die mehrheitlich von Serben bewohnten Gebiete Bosnien und Herzegowinas an, um die dortigen Muslime zu vertreiben und eine «reine» serbische Republik zu schaffen. Sie führen eine ethnische Säuberung der angeschlossenen Gebiete durch. Die muslimischen Männer sterben in den meisten Fällen im Kampf oder werden hingerichtet, die Bevölkerung zwangsumgesiedelt. Die Stadt Sarajevo wird belagert. Der Präsident der Republik Bosnien und Herzegowina bittet um einen bewaffneten Eingriff von aussen. UNO-Truppen werden entsandt. Eine Stadt wird zu einem Fluchtort für die vertriebene muslimische Zivilbevölkerung: Srebrenica. 1993 wird Srebrenica von der UNO zur Schutzzone erklärt. Im Juli 1995 greift die serbische Armee Bosniens unter der Führung von General Radko Mladić die Stadt an. Er trennt Frauen und Kinder von den Männern, ohne dass die UNO-Truppen reagieren. Während die erste Gruppe gezwungen wird, die Stadt zu verlassen, wird die zweite verfolgt und hingerichtet. Mehr als 8000 Personen sterben.

Im August 1995 greifen die Streitkräfte der NATO ein und bombardieren die serbischen Stellungen in Bosnien und Herzegowina. Die bosnische Armee gewinnt am Boden wieder die Oberhand und schwächt die serbischen Truppen. Der Bosnienkrieg endet mit dem Abkommen von Dayton, das im Dezember 1995 unterzeichnet wird.

Bis 2010 sind nur 4500 Opfer identifiziert und beerdigt worden.

A «Srebrenica, 300 Tage. Wir bitten die Welt um Hilfe, damit unsere Mütter ihre Söhne und unsere Kinder ihre Väter wiederfinden.» Diese Inschrift ist auf einem Tuch zu lesen, das 1996 von der Vereinigung der Mütter von Srebrenica angefertigt wurde. Sie haben darauf die Namen ihrer während des Krieges in Bosnien und Herzegowina verschwundenen Angehörigen geschrieben.

B Ausschnitt des Tuches

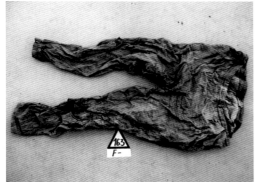

Srebrenica

Die persönlichen Habseligkeiten, die in den Massengräbern rund um Srebrenica gefunden worden sind, wurden fotografiert, um mit ihrer Hilfe die Opfer zu identifizieren.

Diese Fotos wurden zu Büchern zusammengestellt und den Familien gezeigt. Wenn eine Familie einen persönlichen Gegenstand eines ihrer Angehörigen erkannte, erhielt sie so Gewissheit über dessen Tod.

Heute werden häufig wissenschaftliche Methoden wie die DNA-Analyse eingesetzt, um Leichen zu identifizieren.

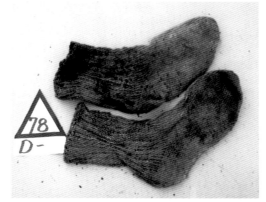

Bosnien und Herzegowina, 1995

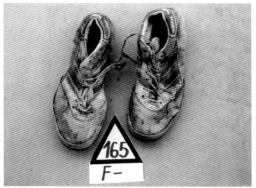

A

B

C

D

E

Gedenkstätten

Bei Tragödien und in Abwesenheit einer Leiche
fühlen sich die Familien hilflos. Manchmal
ist eine Gedenkstätte der einzige Weg, um die
Verschwundenen zu würdigen, sie ins kollektive
Gedächtnis aufzunehmen und an die Ereignisse
zu erinnern, die zu ihrem Verschwinden
geführt haben.

F

G

A Atombombe von Hiroshima, Japan
Gedenkstätte: Hiroshima, 1954
B Deportationen der französischen Juden
Gedenkstätte: Frankreich, 1978
C Regime der Roten Khmer in Kambodscha
Gedenkstätte: Choeung Ek, Kambodscha, 1988
D Gulag in der UdSSR
Gedenkstätte: Moskau, Russland, 1990
E Nuklearkatastrophe von Tschernobyl, Ukraine
Gedenkstätte: Tschernobyl, 1996
F Bürgerkrieg in Peru
Gedenkstätte: Lima, 2005
G Erdbeben in Sichuan, China
Gedenkstätte: Donghekou Park, Sichuan, 2008
H Anschläge vom 11. September 2001 in New York, USA
Gedenkstätte: New York, 2011

H

Eine Nachricht erhalten

In Konfliktsituationen oder bei Naturkatastrophen wird die Kommunikation situationsbedingt oft unterbrochen. Unter diesen Umständen löst das Erhalten einer Nachricht von der Familie Freude und Erleichterung aus.

Es gibt verschiedene Beispiele, wie Nachrichten übermittelt werden: die Rotkreuzbotschaft, die seit mehr als einem Jahrhundert verwendet wird, Radiomitteilungen sowie modernste Mittel, darunter Videokonferenzen und Satellitentelefon.

Die Rotkreuzbotschaft

Eine Rotkreuzbotschaft ist ein kurzer Familienbrief.
Diese Form entstand während des Deutsch-
Französischen Krieges von 1870/71 und wird auch
heute noch eingesetzt. Jedes Jahr werden mit Hilfe
der nationalen Rotkreuz- und Rothalbmondgesellschaften Hunderttausende von Botschaften in mehr
als 65 Ländern verteilt. Um sie dem Adressaten
eigenhändig übergeben zu können, legen die
Übermittler manchmal lange Strecken bis in die
entlegensten Gebiete zurück.

In den meisten Fällen umfassen diese Botschaften
einfache Inhalte. Sie dienen in erster Linie dazu,
den Angehörigen kurzgefasste Informationen zu
vermitteln: Gesundheitszustand, Aufenthaltsort
nach einer Flucht oder Ort der Inhaftierung.

A

B

C

A Botschaft eines französischen Kriegsgefangenen an seine
   Patentante aus der Schweiz, Bulgarien, 1917
B Briefwechsel eines in Marokko und Algerien inhaftierten
   französischen Kriegsgefangenen mit seiner in Frankreich
   zurückgebliebenen Familie, Frankreich, 1943
C Botschaften von in Geiselhaft genommenen und später
   befreiten Passagieren eines nach Jordanien entführten
   Flugzeugs, Zarqa, 1970
D Botschaften mit Zeichnungen von Kindern aus dem Konflikt
   in Ex-Jugoslawien, 1994

E Botschaft eines sudanesischen
  Gefangenen in Guantanamo
  an seine Frau, 2004

F Botschaft eines griechischen
  Flüchtlingskindes nach
  dem Zypernkonflikt von 1974

G Botschaft einer Mutter an
  ihren Sohn, Liberia, 2011

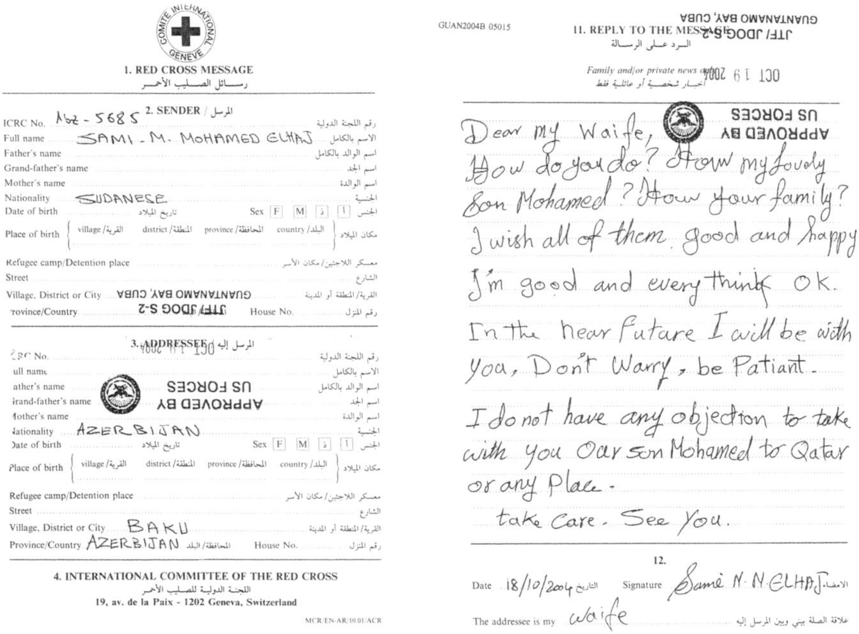

COMITE INTERNATIONAL
GENEVE

1. RED CROSS MESSAGE
رسائل الصليب الأحمر

ICRC No. A2z - 5885 — المرجع
رقم اللجنة الدولية

2. SENDER / المرسل

Full name — SAMI - M. MOHAMED ELHAJ
الاسم بالكامل
Father's name
اسم الوالد بالكامل
Grand-father's name
اسم الجد
Mother's name
اسم الوالدة
Nationality — SUDANESE
الجنسية
Date of birth   Sex [F] [M] [I]
تاريخ الميلاد   الجنس
Place of birth — village القرية · district المنطقة · province المحافظة · country البلد
مكان الميلاد
Refugee camp/Detention place
معسكر اللاجئين / مكان الأسر
Street
الشارع
Village, District or City — GUANTANAMO BAY, CUBA
القرية / المنطقة أو المدينة
rovince/Country — JTF/JDOG S-2   House No.
رقم المنزل

3. ADDRESSEE إلى المرسل

ₐRC No.
رقم اللجنة الدولية
ull name
الاسم بالكامل
ather's name   APPROVED BY
اسم الوالد بالكامل US FORCES
irand-father's name
اسم الجد
Mother's name
اسم الوالدة
ₐationality — AZERBIJAN
الجنسية
Date of birth   Sex [F] [M] [I]
تاريخ الميلاد   الجنس
Place of birth — village القرية · district المنطقة · province المحافظة · country البلد
مكان الميلاد
Refugee camp/Detention place
معسكر اللاجئين / مكان الأسر
Street
الشارع
Village, District or City — BAKU
القرية / المنطقة أو المدينة
Province/Country — AZERBIJAN   House No.
المحافظة / البلد   رقم المنزل

4. INTERNATIONAL COMMITTEE OF THE RED CROSS
اللجنة الدولية للصليب الأحمر
19, av. de la Paix - 1202 Geneva, Switzerland

MCR/EN-AR/10.01/ACR

GUAN2004B 05015

GUANTANAMO BAY, CUBA
JTF/ JDOG S-2
11. REPLY TO THE MESSAGE
الرد على الرسالة

Family and/or private news only
أخبار شخصية أو عائلية فقط

OCT 19 2004

Dear my Waife,
How do you do? How my lovely
Son Mohamed? How Your family?
I wish all of them good and happy
I'm good and every think OK.
In the near futare I will be with
You, Don't Warry, be Patiant.

I do not have any objection to take
with you Oar son Mohamed to Qatar
or any Place.
take Care. See You.

APPROVED BY
US FORCES

Date 18/10/2004 التاريخ   Signature Samê N. N ELHAJ الامضاء

The addressee is my Waife   علاقة الصلة بيني وبين المرسل إليه

E

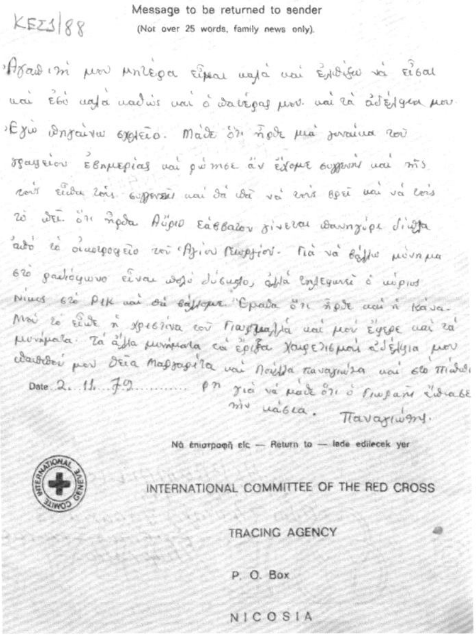

KEZS/88

Message to be returned to sender
(Not over 25 words, family news only).

[Greek handwritten text]

Date 2. 11. 79

Nô. εισπραφη etc — Return to — Iade edilecek yer

INTERNATIONAL COMMITTEE OF THE RED CROSS

TRACING AGENCY

P. O. Box

NICOSIA

F

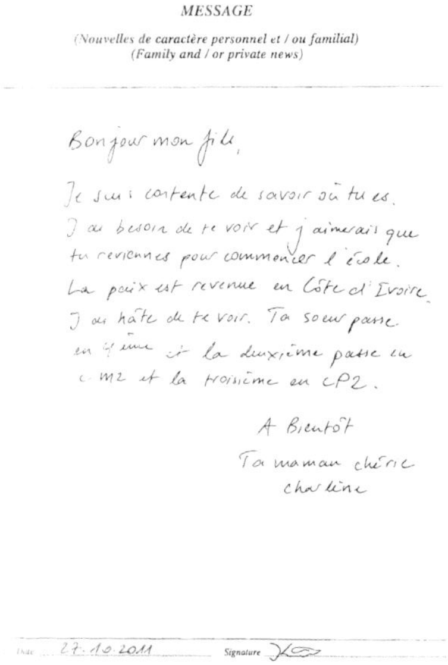

MESSAGE

(Nouvelles de caractère personnel et / ou familial)
(Family and / or private news)

Bonjour mon fils,

Je suis contente de savoir où tu es.
J'ai besoin de te voir et j'aimerais que
tu reviennes pour commencer l'école.
La paix est revenue en Côte d'Ivoire
J'ai hâte de te voir. Ta sœur passe
en 4ème et la deuxième passe en
c.m2 et la troisième en CP2.

A Bientôt
Ta maman chérie
charline

Fait 27. 10. 2011   Signature

G

A

B

Die Reise der Botschaft

C

A Ein Mädchen schreibt an seine Eltern, Kinshasa,
Demokratische Republik Kongo, 2007
B Eine Frau schreibt an ihren inhaftierten Bruder,
Bazar-Korgon, Kirgisistan, 2010
C Ein Freiwilliger verteilt Botschaften,
Provinz Katanga, Demokratische Republik Kongo,
2006
D Verteilen einer Botschaft, Hargeysa, Somalia,
2006
E Eine Familie erhält eine Nachricht eines
Angehörigen, von dem sie seit eineinhalb Jahren
nichts mehr gehört hatte, Dulegaunda, Nepal, 2005
F Eine Mutter erhält eine Nachricht von ihrem in
Guantanamo inhaftierten Sohn, Taizz, Jemen, 2005
G Verteilen einer Botschaft, Provinz Chalatenango,
El Salvador, 1990

D

E

F

G

Radiobotschaften

Menschenraub in Kolumbien

Die Wurzeln des bewaffneten Konflikts in
Kolumbien reichen weit zurück. Die ungleiche
Verteilung der Reichtümer und das Fehlen
einer Bodenreform bilden seit mehr als
einem halben Jahrhundert den Nährboden
für Auseinandersetzungen. 1948, nach der
Ermordung des wichtigsten Kandidaten für die
Präsidentschaftswahlen, versinkt Kolumbien
in einem Bürgerkrieg, der in nur einem
Jahrzehnt fast 300 000 Todesopfer fordert.
In den 1960er-Jahren entstehen mehrere
marxistische Guerilla-Gruppen, darunter
die heute noch aktiven *Fuerzas Armadas
Revolucionarias de Colombia* (Revolutionäre
Streitkräfte Kolumbiens, FARC). Ab Ende
der 1970er-Jahre verändern die zunehmende
Macht der Drogenkartelle und das Auftreten
rechtsextremistischer bewaffneter Gruppen
die Ausprägung des Konflikts.
In 1990er-Jahren bezahlt die Zivilbevölkerung
einen hohen Preis für die Auseinandersetzungen
zwischen marxistischen Guerilla-Bewegungen,
Paramilitärs und Regierungstruppen:
Tausende Kolumbianer – Politiker, Gewerk-
schafter, Journalisten und einfache Bürger –
werden ermordet. Mehrere tausend Personen,
Zivilisten und Armeeangehörige, werden
von den bewaffneten Gruppen entführt und
im Urwald in Geiselhaft gehalten, meist
um Lösegeld einzufordern. In einigen Fällen
ist das Ziel vor allem eine politische Anerkennung
und die Freilassung von Gefangenen.
Ab 2002 verstärkt die kolumbianische
Regierung ihre militärischen Interventionen
gegen die marxistischen Guerillas und handelt
die Demobilisierung der Paramilitärs aus.
Es gelingt ihr, das Ausmass des Konfliktes
zu verringern und ihn auf die entlegensten
Gebiete des Landes zu beschränken.
Die Entführungen nehmen ab, zahlreiche
Geiseln werden freigelassen, unter anderem
bei bewaffneten Einsätzen wie der Befreiung
von Ingrid Betancourt im Jahr 2008.
In den letzten Jahren ist teilweise aufgrund
des Drogenhandels eine neue Dynamik
der Gewalt entstanden.

Die Stimmen der Entführung
In Kolumbien werden in der Radiosendung
Las voces del secuestro Nachrichten
der Familien an im Urwald festgehaltene
Geiseln übermittelt. Die Sendung wurde 1994
vom Journalisten Herbin Hoyos, einst selbst
in Geiselhaft, ins Leben gerufen. Dank ihr
konnten mehr als 18 000 Personen Nachrichten
an ihre entführten Angehörigen senden.

Auszüge, gesendet von Radio Caracol, Kolumbien, 2010
«Du hast bis jetzt gekämpft, kämpfe weiter, du wirst von
   dort wieder wegkommen. Luis, gib nicht auf, mein Bruder,
   wir alle haben dich sehr gern.»
«Wir denken immer an dich und sorgen uns um deine
   Gesundheit, weil wir nicht wissen, wie es dir wohl geht.»
«Ich hoffe, dass du gestärkt wirst, um diese so schwierige
   und traurige Situation, die uns das Leben beschert hat,
   weiterhin auszuhalten. Mach dir keine Sorgen um uns hier,
   uns allen geht es gut. Wir sind nur traurig, dass du nicht
   hier bist, dass du, wie Mama sagt, nicht ‚anwesend‘ bist.»
«Ich denke stets an dich. Wir haben bereits Geld zur Seite gelegt,
   um bei deiner Rückkehr Mahlzeiten für dich zuzubereiten.»

Radiogerät, Geschenk an Herbin Hoyos, Kolumbien, 2010

Videokonferenz und Satellitentelefon

Im Gefängnis von Bagram, in Afghanistan,
waren den Familien Besuche verboten. 2008
entwickelten das IKRK und die amerikanischen
Behörden ein Videokonferenzsystem,
damit die Inhaftierten mit ihren Angehörigen
kommunizieren konnten.

In einem Zeitraum von wenigen Monaten
konnten so 70 % der Gefangenen mit ihren
Familien in Kontakt treten.

A *En détention: l'humanité entre les murs*,
Film, Bagram, Afghanistan, 2010
B Das IKRK und das Sri-lankische Rote Kreuz
unterstützen gemeinsam Tsunami-Opfer, Schule
von Kamulamunai, Sri Lanka, 2005
C In Zusammenarbeit mit dem Irakischen Roten
Halbmond stellt das IKRK der Zivilbevölkerung
ein Satellitentelefon zur Verfügung, Bagdad,
Irak, 2003

Und die Ketten werden gesprengt ...

Die Ausstellungseinheit *Familienbande wiederherstellen*
schliesst mit Werken des kongolesischen Künstlers
Cheik Ledy und des beninischen Künstlers Romuald Hazoumé.
Das Museum freut sich, Leihgaben der Sammlung
Jean Pigozzi auszustellen.

Cheik Ledy, *Nelson Mandela*, 1990
Acryl auf Leinwand, 90 × 145 cm

A

B

C

D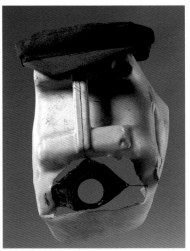

E

Romuald Hazoumé
A *Noix de Coco* [Kokosnuss], 1997
Plastikkanister, künstliche
Haare, Metall, Nylon,
37 × 22 × 15 cm
B *Dan*, 1992
Plastikkanister, Telefon,
Kautschuk, 39 × 39 × 13 cm
C *Kaleta*, 1992
Plastikkanister und -rohre,
Kaurimuscheln, Saatgut,
Kautschuk, Metall, 50 × 32 × 18 cm
D *Bob la coquille* [Bob das Gehäuse],
1994. Plastikkanister, Metall,
Mütze, 37 × 22,8 × 19,3 cm
E *Son copain* [Sein Freund], 1992
Plastikkanister, Metall und Kupfer,
26 × 12 × 22 cm

Die Menschheit ist ein Stück weiter gekommen:
Sie hat sich geweigert, die Phänomene, die sie bedrohten, als unabwendbar zu betrachten. Im Angesicht von Naturkatastrophen und Epidemien mobilisieren sich die Gemeinschaften, um das Schlimmste zu verhindern und Leben und Ressourcen zu erhalten.

Risiken von Naturgefahren begrenzen

Architekt:
Shigeru Ban, Japan

Der Raum
der Begegnungen

Benter Aoko Odhiambo, Abul Hasnat,
Madeleen Helmer, Jiaqi Kang

«Das Klima verändert sich und seit sieben Jahren kämpfen wir mit Dürren.»

«Die Jüngeren gingen in die Städte, um Arbeit zu suchen. Die Älteren blieben hungrig zurück.»

«Die Frauen sind der Sockel der Gemeinschaft.»

«Wir erhielten eine Wasserpumpe. Dank ihr konnten wir mehr Setzlinge und Feldfrüchte anbauen. Wir konnten auch das Wasser reinigen.»

«Ich war der Ansicht, wir dürften nicht zulassen, dass die Umwelt auf der Insel Rusinga verdorben wird, damit unsere Kinder in Zukunft in unsere Fussstapfen treten können.»

«Meine wichtigste Inspiration für
diesen Schritt erhielt ich von meinem
Vater. Er erzählte mir Geschichten
über den verheerenden Zyklon
Bhola von 1970. Wir verloren unsere
Grosseltern, Onkel und Tanten:
ihre Leichen wurden nie gefunden.»

«Meine Freiwilligen und ich haben
in unserem Land sehr viel Respekt
gewonnen, weil wir Leben gerettet
und unter Einsatz unseres eigenen
Lebens Hilfe geleistet haben.»

«Durch unsere Unterstützung, unsere
Aktivitäten und Sensibilisierungs-
programme ist es uns gelungen,
die Schäden und Auswirkungen von
Naturkatastrophen in der Küstenregion
deutlich zu reduzieren.»

Madeleen Helmer   Leiterin des Red Cross /   Niederlande
Red Crescent Climate Centre

«Schauen wir den Tatsachen ins Auge: Der Klimawandel ist bereits im Gange. Er wird zu mehr extremen Wetterphänomenen führen: mehr und stärkere Überschwemmungen, Dürren, Wirbelstürme.»

«Am härtesten wird es die Ärmsten der Armen treffen.»

«Aber zu wissen, was auf einen zukommt, reicht nicht aus. Wir müssen auch verstehen, was wir vor Ort verändern müssen. Müssen die Betroffenen ihre Existenzgrundlage möglicherweise von Kühen auf Kamele umstellen?»

«Wenn wir nichts unternehmen, wird es noch mehr Katastrophen und Opfer geben. Wir müssen uns besser vorbereiten.»

«Im Mai 2008 ereignete sich in
der chinesischen Provinz Sichuan
ein schweres Erdbeben.»

«Das Rote Kreuz pflegte die Verletzten
und kümmerte sich um die Obdach-
losen. Es hat Schulungsprogramme
geschaffen, damit die Kinder lernen,
was sie tun und was sie nicht
tun sollen. Sie werden ermutigt,
das Gelernte ihren Freunden
und ihrer Familie weiterzugeben.»

«Die Menschen verstehen jetzt,
dass mit Katastrophenvorsorge
Leben gerettet werden können.
Sie lernen dabei, sich aufs Schlimmste
vorzubereiten und sind ruhiger.
Ausserdem haben die Leute
so ein Gefühl der Sicherheit und
der Solidarität.»

Wirbelsturm

Prävention geht alle an. Das britische Künstler-
kollektiv Blast Theory hat das Spiel *Wirbelsturm*
entworfen, damit die Spieler selbst erleben
können, wie wichtig Vorbereitungsmassnahmen
bei Naturkatastrophen sind.

Mangroven pflanzen, Schutzräume an höher
gelegenen Orten bauen, Nahrungsmittelvorräte
anlegen, Evakuierungsübungen organisieren:
Diese Massnahmen werden im Spiel inszeniert,
unter Beteiligung von Akteuren wie Rotkreuz-
und Rothalbmonddelegierten, Dorfoberhäuptern,
Experten und Freiwilligen.

Wenn der Wirbelsturm eintrifft, müssen die
Spieler die Dorfbewohner evakuieren. Am Ende
des Spiels wird in der Mitte des Tisches eine
Zahl angezeigt: So viele Leben konnten gerettet
werden.

Kommunizieren und vorsorgen

Plakate sind ein wesentliches Kommunikations-
instrument in der Präventionsarbeit.
Die Verbindung von Bild und Text ermöglicht es,
für alle verständliche Botschaften zu verbreiten.

Die Sammlung des Museums umfasst rund
12 000 Plakate aus mehr als 120 Ländern, die
über die zahlreichen Aktivitäten der nationalen
Rotkreuz- und Rothalbmondgesellschaften
berichten. Heutzutage, da die Auswirkungen
des Klimawandels immer deutlicher werden,
beteiligen sich die nationalen Gesellschaften
intensiv an Projekten zur Vorbereitung
auf Naturkatastrophen.

A

B

C

D

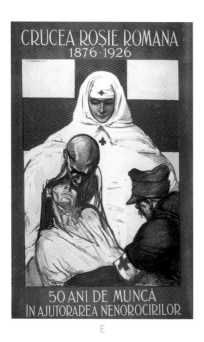

E

F

G

A [Kongolesisches Rotes Kreuz],
  Belgien, 1924
B [Lerne, wie man Kranke pflegt],
  Ukraine, 1966
C [Spielen Sie gerne den Aufschneider?],
  Schweiz, 2004
D [Spanisches Rotes Kreuz: Helfen Sie
  mit!], Spanien, 1930-1940
E [Rumänisches Rotes Kreuz: 50 Jahre
  Hilfsarbeit für die Unglücklichen],
  Rumänien, 1926
F *Jederzeit bereit*, Deutschland, 2005
G [Belgisches Rotes Kreuz], Belgien,
  1940-1950
H [Ihre Blutspende rettet Leben],
  Togo, 1970-1993

H

A

Das Übel an der Quelle angehen

Wasser spendet Leben, kann aber auch todbringend sein. Zusätzlich zu den Überschwemmungen und Wirbelstürmen sterben jedes Jahr rund zwei Millionen Menschen durch verschmutztes Wasser, hauptsächlich aufgrund von durch Infektionen ausgelösten Durchfall-Erkrankungen. Mehr als ein Viertel der Weltbevölkerung ist nicht an ein Abwasserreinigungssystem angeschlossen. Dabei könnten einfache Hygienemassnahmen einen bedeutenden Anteil der im Zusammenhang mit Wasser entstehenden Krankheiten verhindern.

C

B

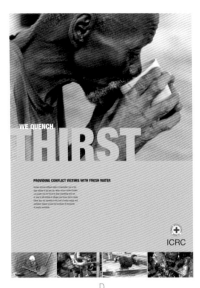

D

E

F

G

A [Kolumbianisches Rotes Kreuz: Helfen Sie mit!],
   Kolumbien, 1959
B [Helfen Sie Holland. Postkonto 154], Dänemark, 1953
C [Bei Katastrophen hilft das Rote Kreuz], Türkei,
   1960-1980
D [Wir löschen Durst], Schweiz, 2001
E [Helfen wir den Opfern Südasiens!],
   Bosnien und Herzegowina, 2004-2005
F [Kochen Sie Ihr Trinkwasser sorgfältig ab],
   UdSSR, 1967
G [Sauberes Wasser, besseres Leben],
   Schweiz, 1996-2005

Hundert Jahre Prävention

Das Rote Kreuz merkte schon bald, welche Vorteile das
Kino für die Förderung seiner Tätigkeit bot. Die nationale Gesellschaft in den USA produzierte bereits in den
1910er-Jahren die ersten Filme. Einige Filme beinhalteten
Präventionsbotschaften – Hygiene, Epidemien, Unfälle –
andere die Ausbildung von Freiwilligen im Bereich der
Ersten Hilfe oder der Wasserrettung.

Die Krankheits- und Unfallprävention gibt es schon
seit geraumer Zeit, der Umgang mit Risiken im Zusammenhang mit Naturkatastrophen ist jedoch ein neueres
Thema. Abgesehen von einigen wenigen Ausnahmen
existiert diese Tätigkeit erst seit den 1990er-Jahren.

Ein Workshop der Haute école d'art et de design – Genève,
unter der Leitung von Yervant Gianikian und Angela
Ricci-Lucchi, erhielt freie Hand, um aus der Sammlung
des Museums von mehr als 1000 Filmen noch nie gezeigte
Montagen zusammenzustellen.

Produktion
Internationales Rotkreuz- und Rothalbmondmuseum, Genf
Projektleiter: Jorge Perez

Haute école d'art et de design – Genève
Geneva University of Art and Design
Département Cinéma/cinéma du réel
HES-SO Genève
Abteilungsverantwortlicher: Jean Perret

A

B

C

D

E

A [Vorsicht], Amerikanisches Rotes Kreuz,
   USA, 1948
B [Schutzunterkünfte, die Leben retten],
   Indisches Rotes Kreuz, Indien, 1981
C [Bilder von Überschwemmungen],
   Tschechoslowakei, 1954
D [Katastrophenhilfe bei Wirbelstürmen],
   Amerikanisches Rotes Kreuz, USA, 1961
E [Passt auf die Kinder auf], UdSSR,
   1940-1950

F

F [Zai und Tchik], Verband der sowjetischen
Rotkreuz- und Rothalbmondgesellschaften,
UdSSR, 1943
G [Vorsicht], Amerikanisches Rotes Kreuz,
USA, 1948
H [Wir werden die Tuberkulose besiegen],
UdSSR, 1947
I [Gemeinsam für die Menschheit],
Internationales Komitee vom Roten Kreuz,
Schweiz, 1986
J [Das Gesundheitsspiel spielen], Indisches
Rotes Kreuz, Indien, 1948

G

H

I

J

Leben retten

Prävention dient in erster Linie dazu, Leben zu retten. Um die Bevölkerung zu schützen, können zahlreiche Massnahmen eingeleitet werden: Bau von Schutzunterkünften, Installation von Frühwarnsystemen, Evakuierungsübungen, Hygiene-Ratschläge.
An all diesen Arbeiten beteiligen sich sowohl die örtlichen Gemeinschaften als auch die humanitären Organisationen. Manchmal sind dafür bedeutende Investitionen erforderlich. Unmittelbar nach Katastrophen ist es einfach, finanzielle Mittel aufzutreiben, denn zu diesem Zeitpunkt ist die Betroffenheit am höchsten. Für langfristigere Massnahmen hingegen sind solche Mittel sehr viel schwieriger zu beschaffen. Dies, obwohl mit jedem in die Prävention investierten Dollar zwei bis zehn Dollar bei Nothilfe und Wiederaufbau eingespart werden können.

Zyklon, *Tsunami* und *Latrinen*: das sind die Titel von drei optischen Theatern, die vom französischen Künstler Pierrick Sorin für das Museum gestaltet wurden.

Pierrick Sorin, *Zyklon*, Optisches Theater, 2012

Vorbereitung auf die Zyklone in Bangladesch

1970 löst der Zyklon Bhola eine der schlimmsten Naturkatastrophen der Geschichte aus. Eine zehn Meter hohe
Welle und Winde bis zu 220 km pro Stunde führen in
Ostpakistan (heute Bangladesch) zu nahezu 500 000 Toten.
Im Anschluss an diese Katastrophe wird ein Programm
zur Vorbereitung auf Zyklone lanciert. Es umfasst ein
Warnsystem, den Bau von Notunterkünften und die Schulung
von für die Evakuierung verantwortlichen Freiwilligen.
Diese Massnahmen tragen dazu bei, die Auswirkungen
der Zyklone zu reduzieren. Doch sie reichen nicht aus,
um 1991 eine erneute Katastrophe zu verhindern. Obwohl
350 000 Personen evakuiert werden, gibt es mehr
als 140 000 Todesopfer, hauptsächlich Frauen und Kinder.
Die Vorbereitungsmassnahmen werden danach intensiviert
und konzentrieren sich verstärkt auf Frauen.
Im November 2007 fegt der Zyklon Sidr, einer der stärksten
je verzeichneten Stürme, über Ostbengalen und Bangladesch
hinweg. Fast neun Millionen Personen sind von den
Unwettern betroffen und es entsteht riesiger wirtschaftlicher
Schaden. Eineinhalb Millionen Menschen werden vor dem
Eintreffen des Sturms evakuiert. Zwar verlieren immer noch
3 500 Menschen ihr Leben, doch stellt dies im Vergleich
zu den Katastrophen von 1970 und 1991 eine beträchtliche
Verringerung der Todesfälle dar.

Zyklon

Pierrick Sorin, *Tsunami*, Optisches Theater, 2012

Tsunami

Pierrick Sorin, *Latrinen*, Optisches Theater, 2012

Abwasserreinigung in Salvador da Bahia, Brasilien

Durch Infektionen ausgelöste Durchfall-Erkrankungen sind auf der ganzen Welt verbreitet. Meist werden sie durch mit Fäkalien verunreinigtes Wasser verursacht. Jedes Jahr sterben rund zwei Millionen Menschen an Durchfall, die meisten davon sind Kinder in Entwicklungsländern. 2008 benutzten mehr als zwei Milliarden Menschen keine angemessenen Latrinen und fast die Hälfte davon musste ihre Notdurft im Freien verrichten.

1997 führen die Behörden von Salvador da Bahia in Brasilien ein Programm zur Abwasserreinigung ein. 2000 Kinder unter drei Jahren, von denen die meisten in benachteiligten Stadtvierteln leben, werden von einem universitären Team begleitet. Die Ergebnisse zeigen, dass sich die Abwasserreinigung direkt auf die Gesundheit auswirkt: Die Zahl der Diarrhöfälle nimmt in der ganzen Stadt um 22 % ab, in den ärmsten Vierteln sogar um 43 %.

Latrinen

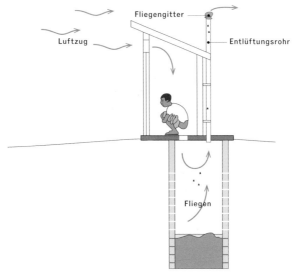

Belüftete Latrine

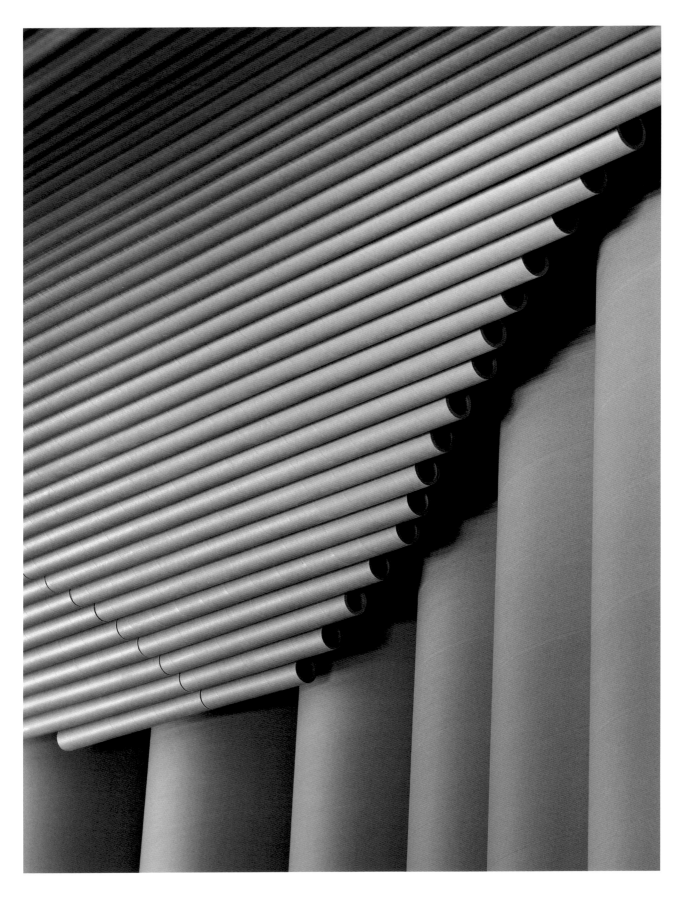

Fokus Gegenwart

Die Bewegung

Die Internationale Rotkreuz- und Rothalbmondbewegung widmet sich der Vorbeugung und
Linderung menschlichen Leidens in Kriegszeiten
und in Notsituationen wie Epidemien, Überschwemmungen und Erdbeben.

Die Bewegung umfasst das Internationale
Komitee vom Roten Kreuz (IKRK), die Internationale
Föderation der Rotkreuz- und Rothalbmond-
gesellschaften (die so genannte Internationale
Föderation) und die 188[1] nationalen Gesellschaften.
Jeder Teil der Bewegung verfügt über eine
eigene Rechtspersönlichkeit und eine eigene
Rolle, doch sie alle vereinen sieben Grundsätze:
– Menschlichkeit
– Unparteilichkeit
– Neutralität
– Unabhängigkeit
– Freiwilligkeit
– Einheit
– Universalität

Sämtliche Teilorgane der Bewegung sind dazu
verpflichtet, diese Grundsätze einzuhalten und
sie zu verteidigen.

1   Stand am 31. 12. 2012

Das IKRK

Das IKRK hat den ausschliesslich humanitären Auftrag,
das Leben und die Würde der Opfer von bewaffneten
Konflikten und anderen Gewaltsituationen zu schützen
und ihnen zu helfen. Es leitet und koordiniert die internationale Hilfsarbeit der Bewegung in bewaffneten
Konflikten. Das IKRK wurde 1863 gegründet und steht
am Anfang der Bewegung.

Die Internationale Föderation

Die Internationale Föderation widmet sich der
Anregung, Erleichterung und Förderung aller
humanitären Tätigkeiten, die von seinen nationalen
Mitgliedsgesellschaften für die verletzlichsten
Menschen durchgeführt werden. Sie leitet und
koordiniert die Einsätze ihrer Mitglieder, die
zum Ziel haben, Opfern von Natur- und Techno-
logiekatastrophen, Flüchtlingen und Menschen,
die von gesundheitlichen Notsituationen betroffen
sind, zu helfen. Die Internationale Föderation
wurde 1919 gegründet.

Die nationalen Gesellschaften

Die nationalen Gesellschaften unterstützen die
Behörden ihrer jeweiligen Länder im Bereich
der humanitären Hilfe. Sie bieten ein breites Spektrum
an Dienstleistungen an, insbesondere Katastrophen-
hilfe sowie Gesundheits- und Sozialhilfeprogramme.
In Kriegszeiten können sie der Zivilbevölkerung
beistehen und die Dienste der Armee unterstützen.

Interaktive Chronologie

Die interaktive Chronologie zeichnet eineinhalb
Jahrhunderte der Geschichte nach, angefangen mit
der Gründung des Roten Kreuzes im Jahr 1863.
Die jährlich erfassten Ereignisse erinnern jeweils:

– an die bewaffneten Konflikte, die mehr als 10 000
  Todesopfer forderten und/oder von denen
  mehr als eine Million Menschen betroffen war
– an die Epidemien und Katastrophen, die mehr als
  1000 Todesopfer forderten und/oder von denen
  mehr als eine Million Menschen betroffen war
– an prägende Ereignisse der Internationalen
  Rotkreuz- und Rothalbmondbewegung
– an kulturelle und wissenschaftliche Meilensteine

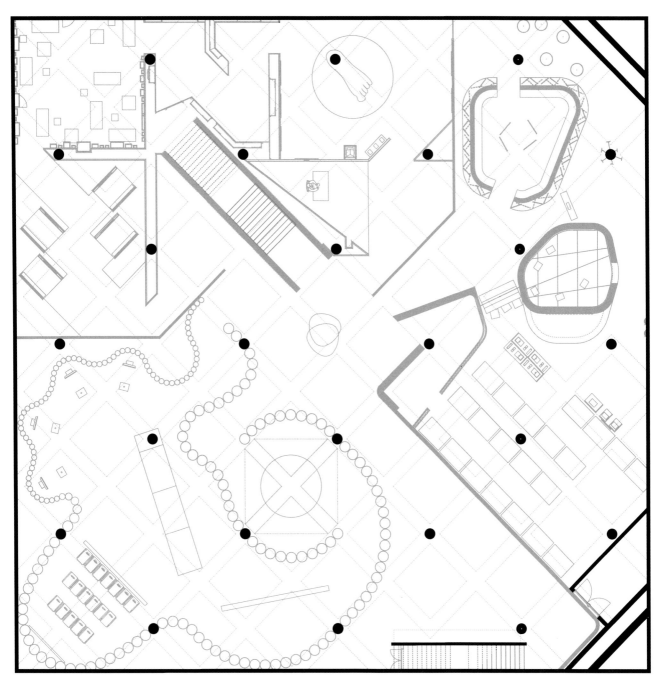

Die Architekten

Vision von Gringo Cardia

Die Bereicherung wahrer Geschichten durch räumlich-sensorische Effekte zielt darauf ab, dass die Besucher diese Ausstellungseinheit als entscheidenden Moment in ihrem Leben erfahren, als einen jener Momente, der sie dazu anregt, über die Zerbrechlichkeit ihrer eigenen Existenz nachzudenken, die genauso ungewiss ist wie die Welt und das Leben an sich.

Durch den immersiven Raum soll unser instinktives Bedürfnis nach Solidaritätsgefühlen geweckt werden, durch eine Mischung von grafischen Gestaltungselementen, Dramaturgie, Film-, Ton- und Lichteffekten.

Die Bilder, Texte und Gegenstände richten das Augenmerk aller Besucher, auch der jüngsten unter ihnen, auf die Verletzungen der Menschenwürde auf der ganzen Welt und sensibilisieren sie für diese Themen.

Der riesige Fuss könnte jemanden symbolisieren, der andere zertrampelt, oder jemanden, der barfuss und voller Angst flieht, um zu überleben. Die von den Gefangenen gefertigten Gegenstände sind durchdrungen vom Schrecken, von der Angst, aber auch vom Mut und der Hoffnung, welche das Innere dieser Menschen während ihrer Gefangenschaft beherrschten.

Wir hoffen, dass sich die Besucher durch das Berühren der Wand im letzten Raum bewusst werden, wie jede Handlung eines Einzelnen wirken und einen Unterschied machen kann.

Überall dort, wo ein Wille ist, zu helfen, gibt es auch Lösungen. Die Ideen von Henry Dunant bilden einen Sockel für die Internationale Rotkreuz- und Rothalbmondbewegung.

Ich wünsche mir, dass diese Ausstellungseinheit dazu beiträgt, alle Menschen zum Nachdenken anzuregen über das eigene Verhalten in der heutigen Welt und darüber, wie jeder von uns anderen helfen kann.

Vision von Diébédo Francis Kéré

Die obligatorische Passage am Eingang, im Dunkeln zwischen Ketten hindurch, lässt den Besucher die Thematik der familiären Tragödien in Konflikten rasch erfassen.

Der grosse Turm in der Mitte steht wie ein Denkmal im Zentrum des Raumes. Die Mauer aus Hanfbeton ist als traditionelle Hütte gestaltet, in der der Familienkreis Schutz findet. Gleichzeitig erinnern die Porträts an die Tragödie der ruandischen Waisenkinder. Die Hütte strebt gegen Himmel, doch sie bleibt verschlossen: Damit ruft sie Dramen wie das Massaker von Srebrenica in Erinnerung.

Die Natur kommt durch einen *Botschaftsbaum* wieder ins Bild. Seine metallenen Äste spiegeln den kalten Kontrast zwischen Natur und Krieg wider. Ein Schwall von Radionachrichten erreicht die Besucher, bevor sie den *Raum der Begegnungen* betreten. Im Gegensatz zum Turm spielt dieser Ausstellungsraum mit der Transparenz der Materialien und dem Einfall von Licht, lässt aber nur einen beschränkten Ausblick auf die Aussenwelt zu: Die Hoffnung, Vermisste wiederzufinden hält an, selbst wenn die Chancen gering sind und die Ungewissheit stetig zunimmt.

Die inhärente Verbindung zwischen Familie, Wurzeln und Naturelementen wird in der gesamten Ausstellung betont, weil es uns wesentlich schien, die Rückkehr zu den Wurzeln und zur Natur in dramatischen und tragischen Situationen symbolisch darzustellen. Die Schlichtheit der Materialien und ihr einfacher Aufbau ersparen dem Besucher einen kalten Materialismus bei der schwierigen Suche nach den Vermissten.

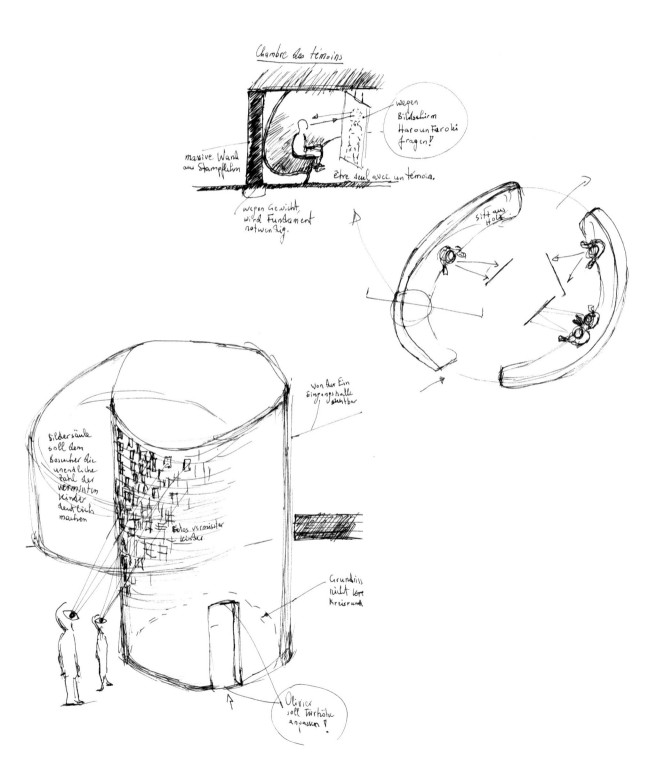

Vision von Shigeru Ban

Genau wie Politiker, die ihre Macht auf äusserst autoritäre Art ausüben, fordern Naturkatastrophen am Ende immer Opfer. Oft verlieren diese Opfer ihr Zuhause durch die verursachte Zerstörung. Wir haben in den Flüchtlingslagern in Afrika und in von Naturkatastrophen heimgesuchten Regionen mit Hilfe von Röhren aus Recycling-Karton temporäre Behausungen, Schulen und Kirchen gebaut. Städtische Betonwüsten werden oft weitgehend zerstört. Bauten aus Papier hingegen scheinen zwar zerbrechlich, doch sie schützen die Bewohner und vermitteln ihnen so ein beruhigendes Gefühl.

Für diese Ausstellungseinheit haben wir für Decke und Wände dieselben Kartonröhren verwendet. So ist ein freundlicher und natürlicher Ausstellungsraum entstanden. Wir hoffen, dass dadurch die Vorurteile, Papier sei ein schwaches Material, beseitigt werden können. Vorurteile verletzten und behindern die Entwicklung.

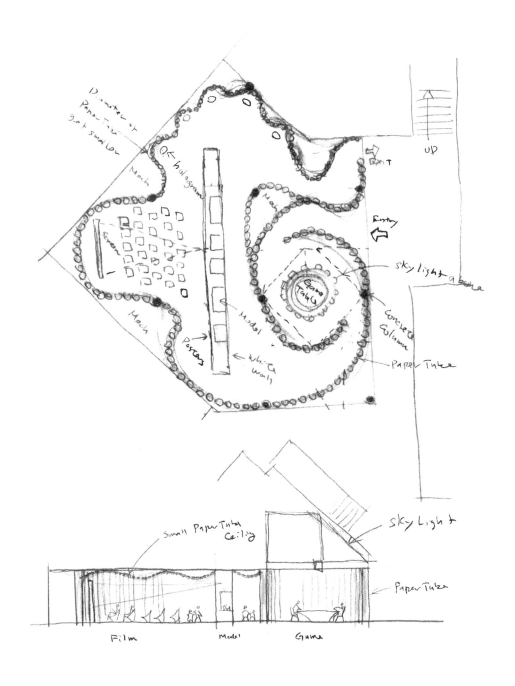

Red Cross Museum 17/6/10
plan and Section 1/200 SB

Vision von atelier oï

Eine Archäologie des Bestehenden:
das Projekt der gemeinsamen Bereiche

Das atelier oï koordinierte das Gesamtkonzept
für die Erneuerung des Museums sowie das
Konzept der drei Szenografen für die Gestaltung
der Dauerausstellung. Ausserdem wurden
wir mit der Planung und Umsetzung der gemeinsamen Bereiche wie Empfang, Boutique und
Durchgangszonen beauftragt. Neben den Teilen,
die in Zusammenarbeit mit der Museumsleitung
für die Einrichtung des *Raums der Begegnungen*,
des *Fokus Gegenwart* und der Infrastruktur
des neuen Raums für die Sonderausstellungen
entworfen wurden, waren die gemeinsamen
Bereiche für uns von der Gestalterseite
her zweifellos der grösste Teil unserer Arbeit.

Um das Gestaltungskonzept dieser Bereiche
zu entwickeln, befassten wir uns zunächst ein-
gehend mit dem Kontext und der bestehenden
Architektur des Museums – wie ein Archäologe,
der zunächst vor allem versucht, das Gefundene
zu verstehen und zu interpretieren. In diesem
Sinne konnte der Kontext des architektonischen
Werks von Architekt Pierre Zoelly aus den
1980er-Jahren wegen seiner Präsenz und Stärke
nicht einfach verdeckt werden. Unser Vorgehen
orientierte sich deshalb an der Suche nach
einem Dialog mit dem Bestehenden und nicht
einem Bruch mit dem Alten. Wir wollten einen
Weg finden, um eine neue Etappe zu markieren,
gleichzeitig aber vom Vergangenen lernen.

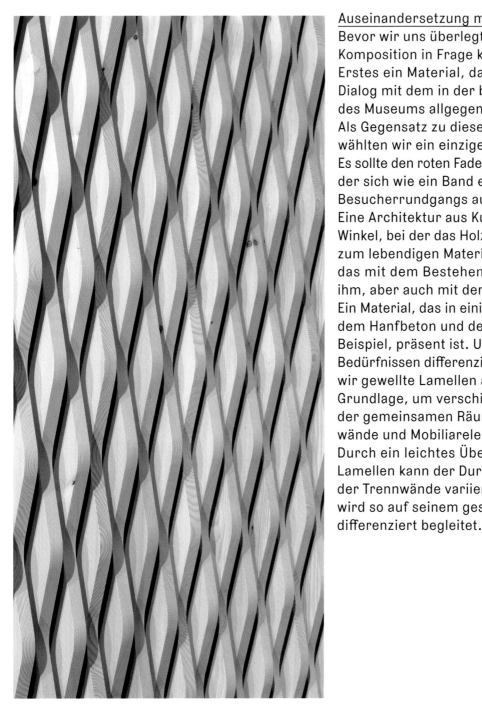

Auseinandersetzung mit dem Material

Bevor wir uns überlegten, welche Form oder
Komposition in Frage käme, suchten wir als
Erstes ein Material, das in der Lage wäre, einen
Dialog mit dem in der bestehenden Architektur
des Museums allgegenwärtigen Beton zu führen.
Als Gegensatz zu dieser mineralischen Hülle
wählten wir ein einziges Material: Massivholz.
Es sollte den roten Faden unserer Arbeit darstellen,
der sich wie ein Band entlang des gesamten
Besucherrundgangs ausrollen lässt.
Eine Architektur aus Kurven und ohne rechte
Winkel, bei der das Holz in Bezug zum Steinernen
zum lebendigen Material wird; ein Material,
das mit dem Bestehenden spielt und sich mit
ihm, aber auch mit der Umgebung, verbindet.
Ein Material, das in einigen Szenografien, neben
dem Hanfbeton und den Kartonröhren zum
Beispiel, präsent ist. Um je nach Programm und
Bedürfnissen differenzieren zu können, nutzten
wir gewellte Lamellen aus massivem Holz als
Grundlage, um verschiedene, für die Gestaltung
der gemeinsamen Räume erforderliche Trennwände und Mobiliarelemente zu realisieren.
Durch ein leichtes Übereinanderschieben der
Lamellen kann der Durchlässigkeitsgrad
der Trennwände variiert werden. Der Besucher
wird so auf seinem gesamten Rundgang
differenziert begleitet.

Aus der Idee heraus, dem Rundgang auch in seinem Verlauf zu folgen, entschieden wir uns für einen Fliessboden. Der gewählte Farbton, *rote Erde*, passt zum Holz unserer Gestaltung, aber auch zu den zahlreichen Materialien, die wie Symbole innerhalb der verschiedenen Szenografien herausstehen, so zum Beispiel der Turm aus Hanfbeton, der im Erdgeschoss im Empfangsbereich des Museums zu sehen ist.

Die farbliche Behandlung des Bodens in den gemeinsamen Bereichen schafft bewusst eine klare Trennung zur Gestaltung der Einheiten, die den drei Szenografien gewidmet sind, und differenziert so zwischen den gemeinsamen Bereichen und Räumen, die der Vermittlung von Inhalt dienen.

Die Entstehungsgeschichte des Internationalen Rotkreuz- und Rothalbmondmuseums

1963 wird das IKRK hundert Jahre alt. Anlässlich des anstehenden Jubiläums werden Initiativen zur Schaffung eines Rotkreuzmuseums in Genf wiederbelebt. Nacheinander zieht man sowohl das Ariana-Gebäude, die Villa La Grange, die Villa Moynier und sogar den «Gemüsegarten» des Komitees als Standorte in Betracht. Gleichzeitig dient die Ausstellung *Hundert Jahre im Dienst der Menschlichkeit* als Inspirationsquelle.

Ab 1975 wirbt der ehemalige Delegierte Laurent Marti für die Idee eines Museums und formuliert seine Vorstellungen in einer entsprechenden Notiz an Jean Pictet, den damaligen General-direktor des IKRK. Sein Ziel ist es, die Meilensteine in der humanitären Geschichte vor und nach der Gründung des Roten Kreuzes nachzuzeichnen. Laurent Marti wird dazu von einer Vorbereitungskommission[1] unterstützt. Am 15. November 1979 schreibt man einen Architekturwettbewerb aus. Es gewinnt das Projekt von Pierre Zoelly, Georges Haefeli und Michel Girardet, das den bestehenden Standort bewahrt und gleichzeitig eine Verbindung zur Arbeit des Roten Kreuzes schafft.

1981 wird unter der Leitung von Philippe de Weck eine Stiftung für das Internationale Rotkreuz-museum ins Leben gerufen. Die architektonische Gestaltung und die Museologie werden ver-schiedenen Personen übertragen.[2]
Die Umsetzungskommission setzt sich aus Henri Chenaux, Jean-Pierre Gaume, Laurent Marti, Roger Pfund und Pierre Zoelly zusammen.
Die Stiftung wird von Anfang an durch die Stadt und den Kanton Genf sowie durch weitere öffentliche und private Institutionen und Persön-lichkeiten unterstützt. Die Grundsteinlegung für das Museum findet am 20. November 1985 in Anwesenheit von Ursula Furgler, Raissa Gorbatschowa und Nancy Reagan statt. Drei Jahre später, am 29. Oktober 1988, öffnet das Museum unter der Leitung von Laurent Marti seine Türen für die Öffentlichkeit. Die Ausstellung *«berichtet über die erstaunliche Geschichte der Männer und Frauen, die während der grossen Ereignisse unserer Epoche einen Teil ihres Lebens in den Dienst der Opfer gestellt haben»*.

---

1 Die Vorbereitungskommission
Nicolas Bouvier, Luis Monreal, Georges-Henri Rivière und Robert Wyss, schon bald unterstützt durch Daniel Briffaud, Pierre Lambert, Marcel A. Naville und Prinzessin Napoleon. Ein Vertreter der Liga der Rotkreuz- und Rothalbmondgesell-schaften, Anthony Murdoch, beteiligt sich vorübergehend an den Arbeitssitzungen der Kommission.

2 Architektur und Museologie
Roland Aeschlimann, Nicolas Bouvier, Daniel Briffaud, Antoine Cahen, Jean Chalut, Henri Chenaux, Roger Durand, Claude Frossard, Jean-Pierre Gaume, Michel Girardet, Georges Haefeli, Jacques Hainard, Pierre Lambert, Rosemarie Lippuner, Laurent Marti, Luis Monreal, Anthony Murdoch, Marcel A. Naville, Roger Pfund, Jean Pictet, Georges-Henri Rivière, Robert Wyss und Pierre Zoelly

Unter der Leitung von Jean-Pierre Hocké
wird das Museum in Internationales Rotkreuz-
und Rothalbmondmuseum umbenannt.
Als sich Laurent Marti 1994 pensionieren
lässt, wird Didier Helg sein Nachfolger, nach
ihm kommt Christine Müller. Kurz vor dem
zehnten Jubiläum der Institution im Jahr 1998
wird Roger Mayou neuer Direktor. Er initiiert
die vollständige Überarbeitung von *Raum 11*,
demjenigen Teil der Dauerausstellung,
der dem *Heute* gewidmet ist. Er möchte die
eingeschlagene Richtung weiterverfolgen
und leitet daher einen Reflexionsprozess zur
Überarbeitung der gesamten Dauerausstellung
ein. Nach dem Interimsmandat von Michel
Convers als Präsident des Stiftungsrates
übernimmt Bernard Koechlin im Jahr 2000
die Präsidentschaft.

Die neue Dauerausstellung
Das humanitäre Abenteuer

2006 verabschiedet der Stiftungsrat
die Strategieplanung 2008-2018. Sie enthält
zwei wichtige Beschlüsse: den Bau eines
gemeinsamen *Visitors' Centre* mit dem
IKRK und den vollständigen Umbau der
Dauerausstellung.
Gleichzeitig zur intern geführten Reflexion
finden ab 2006 die ersten Gespräche mit
Akteuren der Bewegung[3] statt. Ein Workshop
mit dem Museologen Fabrizio Sabelli bestimmt
die wichtigsten museologischen Fragen. Er
wird ergänzt durch einen zweiten Workshop
an der Reinwardt Academie in Amsterdam,
geleitet von Leontine Meijer-van Mensch.
Mit dem Ziel, unter den behandelten Themen
eine definitive Auswahl zu treffen, werden
innerhalb der Bewegung weitere Gespräche[4]
geführt. Schliesslich fällt die Wahl auf drei
Themen: *Die Menschenwürde verteidigen,
Familienbande wiederherstellen* und *Risiken
von Naturgefahren begrenzen*.

Das *Visitors' Centre*

Den im Juni 2008 ausgeschriebenen Architekturwettbewerb
gewinnt das Genfer Büro group8. Das *Visitors' Centre* umfasst
zwei Gebäude. Eines befindet sich auf dem Dach des Museums
und beherbergt ein Restaurant; das andere steht unterhalb
des Hauptsitzes des IKRK, neben dem Museum, und besteht aus
drei Ebenen: Im Untergeschoss befindet sich ein neuer
Raum für Sonderausstellungen mit einer Fläche von 500 m^2,
im Erdgeschoss ein Mehrzweckauditorium und im oberen Stock
sind die neuen Büros des Museums angesiedelt. Dank der
Fläche, die durch die Aufhebung der alten Büros frei geworden
ist, konnten die Sammlungsräume vergrössert werden.

2008 wird Luc Hafner zum Präsidenten des Stiftungsrates ernannt. Mit der Unterstützung von Lordculture wird im Dezember 2009 ein Wettbewerb für die neue Szenografie ausgeschrieben. Um die internationale Prägung der Rotkreuz- und Rothalbmondbewegung herauszustreichen, werden neun Architektur- und Szenografiebüros aus unterschiedlichen kulturellen Kontexten eingeladen, daran teilzunehmen. Im Frühling 2010 wählt eine Jury[5] den Brasilianer Gringo Cardia, den Burkiner Diébédo Francis Kéré und den Japaner Shigeru Ban aus. Die verbleibenden Fragen im Zusammenhang mit dem Gesamtkonzept und dem Besucherrundgang werden in Workshops mit Laurent Marquart, einem Berater aus Kanada, behandelt. Die Koordination des Gesamtprojekts, die Neugestaltung der Servicebereiche und des ehemaligen Auditoriums, dem neuen *Fokus Gegenwart*, sowie die Einrichtung des neuen Raums für Sonderausstellungen übernimmt das atelier oï aus La Neuveville (Schweiz).

Das Museum schliesst am 30. Juni 2011.[6] Nach 22 Monaten Umbauarbeiten findet am 18. Mai 2013 die Wiedereröffnung statt – mit der neuen Dauerausstellung *Das humanitäre Abenteuer*.

Sandra Sunier

[3] Erste Gespräche mit Akteuren der Bewegung
Daniel Biedermann, Yves Daccord, Carine Fleury, Mukesh Kapila, Pierre Kremer, Ibrahim Osman, Balthasar Staehelin und Beat Wagner

[4] Weitere Gespräche mit Akteuren der Bewegung
Malika Aït-Mohamed Parent, Paul Bouvier, Barbara Boyle, Marion Harroff-Tavel, Pierre Kremer, Alexandre Liebeskind, Vincent Lusser, Robert Mardini, Pascale Meige Wagner, Ibrahim Osman, Katie Sams, Françoise Zambellini

[5] Mitglieder der Jury
Luc Hafner, Präsident des Stiftungsrates des Museums, Aurel Aebi, Walter Anderau, Sergio Cavero, Michel Côté, Catherine de Marignac, Roger Mayou, Klaus Vogel

[6] Von Oktober 1988 bis Juni 2011
In den 23 Jahren seines Bestehens verzeichnete das Museum 1796 249 Besucherinnen und Besucher mit 174 verschiedenen Nationalitäten, 51 % davon unter 25 Jahren. 14 602 Führungen wurden angeboten. Das Museum präsentierte 47 Sonderausstellungen, organisierte 106 Vorträge und Diskussionsrunden sowie 1064 Sommerkonzerte.

Die Ausstellung *Das humanitäre Abenteuer* konnte dank der wertvollen Unterstützung von Partnern realisiert werden. Wir möchten uns bei allen diesen Partnern für ihren Einsatz an unserer Seite herzlich bedanken.

Gold-Partner
Fondation Hans Wilsdorf
Rolex SA
Charles und Nicolas Pictet
Stadt Genf

Silber-Partner
Credit Suisse Foundation
Artephila Stiftung

Bronze-Partner
Verbandsgemeinde Genf:
Aire-la-Ville, Anières, Avully, Avusy, Bardonnex, Bellevue, Bernex, Carouge, Cartigny, Céligny, Chancy, Chêne-Bougeries, Chêne-Bourg, Choulex, Collex-Bossy, Collonge-Bellerive, Cologny, Confignon, Corsier, Dardagny, Genève, Genthod, Grand-Saconnex, Gy, Hermance, Jussy, Laconnex, Lancy, Meinier, Meyrin, Onex, Perly-Certoux, Plan-les-Ouates, Pregny-Chambésy, Presinge, Puplinge, Russin, Satigny, Soral, Thônex, Troinex, Vandœuvres, Vernier, Versoix, Veyrier
Ernst Göhner Stiftung
UBS AG
Mahmoud Shakarchi
Mirabaud & Cie Banquiers Privés
Familie Firmenich
Familie Michel Reybier
Migros-Genossenschafts-Bund
Fondation de bienfaisance de la Banque Pictet & Cie
Norwegische Regierung
Lombard Odier Darier Hentsch & Cie
Gisèle de Marignac
Sandoz - Familienstiftung
Union Bancaire Privée SA

Partner
Gemeinde Cologny
Familie Natsis
Piguet Galland & Cie SA
Freundeskreis des Internationalen Rotkreuz- und Rothalbmondmuseums
SGS SA
Banque Vontobel SA
Rotkreuzgesellschaft von China
Luc Hafner
Banque Privée Edmond de Rothschild SA
Verband der Westschweizer Unternehmen Genf
Fondation Gustave Ador
Rothalbmond-Gesellschaft der Islamischen Republik Iran

Schweizerische Eidgenossenschaft
Confédération suisse
Confederazione Svizzera
Confederaziun svizra

Eidgenössisches Departement für
auswärtige Angelegenheiten EDA

RÉPUBLIQUE
ET CANTON
DE GENÈVE

POST TENEBRAS LUX

IKRK

Das Museum wird unterstützt durch
Schweizerische Eidgenossenschaft, Eidgenössisches Departement für auswärtige Angelegenheite
Republik und Kanton Genf
Internationales Komitee vom Roten Kreuz
Internationale Föderation der Rotkreuz- und Rothalbmondgesellschaften

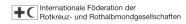

Internationale Föderation der
Rotkreuz- und Rothalbmondgesellschaften

Ausstellungskonzept
Das humanitäre Abenteuer

Projektleitung
Roger Mayou
Mitarbeiter/innen des Museums
Patrick Auderset, Catherine Burer,
Sophie Chapuis, Jorge Perez,
Marie-Dominique De Preter, Sandra Sunier
Architekten
Shigeru Ban *(Risiken von Naturgefahren begrenzen)*
Gringo Cardia *(Die Menschenwürde verteidigen)*
Diébédo Francis Kéré *(Familienbande wiederherstellen)*
atelier oï (gemeinsame Bereiche und allgemeine Koordination)
Wissenschaftliche Mitarbeit
Gudrun Beger, Cécile Coutau
Administration
Jean-Luc Bovet
Beratung
Laurent Marquart, Fabrizio Sabelli (Szenografie), Alain Laesslé (Multimedia)
Kommunikation
Corinne Liardon, Claire Normand
Beschilderung
integral ruedi baur zürich
Partner
Für *The Colours of Dignity:* EPFL+ECAL Lab, Renens
Für *Hundert Jahre Prävention*: HEAD, Genève

— HEAD
HAUTE ÉCOLE D'ART ET
DE DESIGN GENÈVE
GENEVA UNIVERSITY
OF ART AND DESIGN

DÉPARTEMENT
CINÉMA / CINÉMA DU RÉEL

Realisation
des Ausstellungskatalogs

Herausgeber
Roger Mayou
Redaktion
Sandra Sunier, in Zusammenarbeit mit Patrick Auderset, Catherine Burer, Sophie Chapuis, Jorge Perez, Marie-Dominique De Preter
Textbearbeitung und Korrekturlesen
Corinne Chaponnière, Atout texte
Grafik
Noémie Gygax (no-do)
Fotos der Ausstellungseinheiten
Alain Germond, Neuchâtel
Übersetzung und Lektorat
Claudia Grosdidier
Schrift
AS Blonde, Aurèle Sack
Fotolithografie
Musumeci S.p.A., Aosta
Druck
Musumeci S.p.A., Aosta
Einband
Musumeci S.p.A., Aosta
Verlag
In-Folio, Gollion
Copyright
© 2013, Internationales Rotkreuz-
und Rothalbmondmuseum, Genf und
Infolio éditions, CH-Gollion, www.infolio.ch
ISBN
978-2-88474-282-5
Gedruckt in Italien

Szenografien des Museums

2-3, 14, 18-19, 24, 28-29, 37, 38-39, 47-48,
54-55, 58-60, 65, 68, 70-71, 72, 76-77, 80, 84,
88, 94-97, 102-103, 108-109, 116, 119, 120-121,
131-133, 139, 144-145, Sammlungsobjekte
(30, 35, 42-45), Notizbücher der erzählenden
Personen:

    Alain Germond, Neuchâtel

Die Menschenwürde verteidigen

Solferino
14   MICR, COL-1988-205-1
15   Giuseppe Allegri / IKRK
16   Patrick Campbell
16   Frédéric Boissonnas, IKRK Bildarchiv (DR)
17   Bibliothèque de Genève
20A   Apic / Getty Images
20B   Central News Photo Service, USA
20C   *Correio da Manhã*, Brasilianisches
    Nationalarchiv
20D   H. Miller, National Archives, USA
21E   National Archives, USA
21F   Wojtek Lembryk / IKRK
21G   Till Mayer / IKRK
21H   Jean-Jacques Kurz / IKRK
21I   AP Photo / U.S. Navy, Shane T. Mc CMoy
Ein säkulares Ideal
22A   Christian Larrieu, RMN-Grand Palais
    (Louvre)
22B   Vereinte Nationen, New York, 1998
26   Leihgabe des Schweizerischen Bundesarchivs
27   BGE, Centre d'iconographie genevoise,
    Rec. Est. 123/2
Schutz
30A   Spende von Dr. Max Patay
    MICR, COL-1988-201-1
30B   Spende des Afghanischen Roten Halbmonds
    MICR, COL-2008-24-15
30C   MICR, Philatelistische Sammlung
30D   MICR, COL-2006-1-1
31A   Brant Sanderlin / Keystone / AP Photo /
    The Atlanta Journal Constitution
31B   Marai Shah / AFP PHOTO
31C   Norman NG / IKRK
31D   Andenmatten / Spital Wallis
31E   Ricardo Liberato

31F   Phil Degginger / Getty Images
31G   Kurt Stricker / Getty Images / Flickr RF
34A   MICR, BBT-2009-13-1
34B   MICR, BBT-2009-12-1
36   Damir Sagoli (Niederlande) / Reuters
37   (links) Joel Nito / EPA PHOTO AFPI
37   (in der Mitte) Franco Origlia / Sygma / Corbis
37   (rechts) Spencer Platt / Getty Images
Die Gefangenen
40A   IKRK Bildarchiv (DR)
40B   IKRK Bildarchiv (DR)
40C   Melchior Trumpy / IKRK
41D   Boris Heger / IKRK
42A   MICR, COL-2004-2-1
43B   MICR, COL-1992-37-5
43C   Leihgabe von Anne-Marie Grobet
44D   MICR, COL-1996-67-1
44E   MICR, COL-1991-98-1
45F   MICR, COL-1999-115-1

Familienbande wiederherstellen

Suche nach Vermissten
56A   Ernst Haas / Getty Images
56B   Anne-Marie Grobet / IKRK
56C   Danish Ismail / Reuters
57D   Madjid / Getty Images
57E   Virginie Louis / IKRK
57F   Marcos Brindicci / Reuters
57G   Aly Song / Reuters
61A   Frédéric Boissonnas / IKRK
61B   IKRK
64   ITS-Archiv, Bad Arolsen
66   IKRK
67A   [Mitteilungsblatt des Roten Kreuzes], Angola,
    März 2005
    Spende des IKRK, MICR, BBT-2012-9-2
Das Bedürfnis nach Gewissheit
72A   MICR, COL-1996-70-1
72B   MICR, COL-1996-70-1
73   IKRK
74A   Issei Kato / Reuters
74B   *Le mémorial de la déportation des Juifs de
    France*, édition Klarsfeld, Paris, Frankreich,
    1978
    MICR, BBT-2012-21-1
74C   Adrees Latif / Reuters

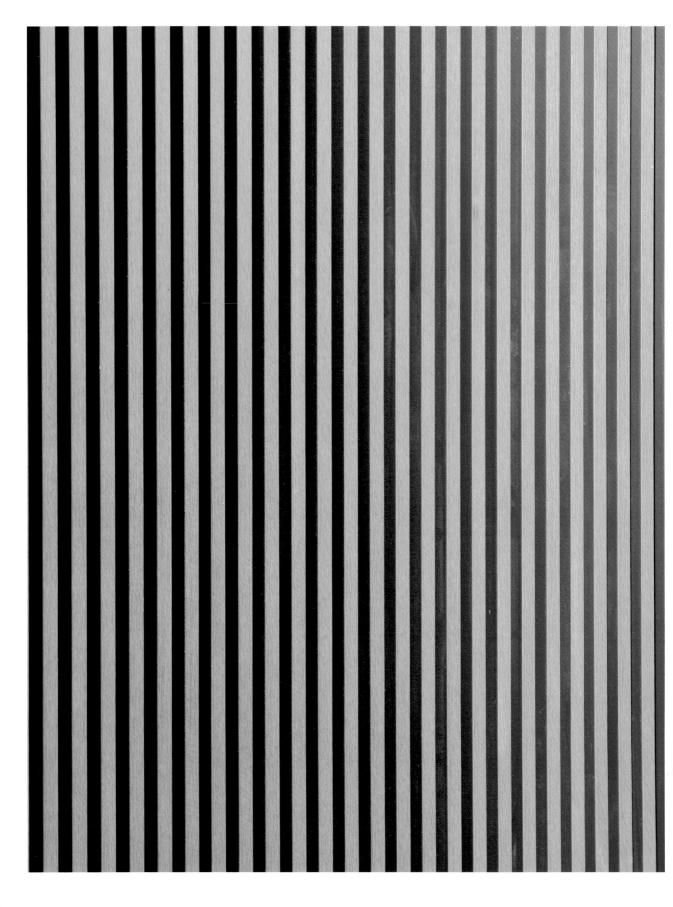